Von-der-Tann-Straße
Oskar-von-Miller-Ring
Ludwigstraße
Odeons platz
Hofgarten
Brienner Straße
Franz-Josef-Strauß-Ring
Maximiliansplatz
Salvator-platz
Salvatorstraße
Prannerstraße
Theatinerstraße
Residenzstraße
Alfons-Goppel-Straße
Promenade-platz
Maffeistraße
Max-Joseph-Platz
Karl-Scharnagl-Ring
Löwengrube
Maximilianstraße
Kaufingerstraße
Bräuhausstraße
Ledererstraße
Marienplatz
Färbergraben
Rindermarkt
Petersplatz
Tal
Hochbrückenstraße
Thomas-Wimmer-Ring
Sendlinger Straße
Rosental
Oberanger
Westenrieder Straße
Frauenstraße
Unterer Anger
Blumenstraße
Corneliusstraße

München-Touren

auf Paulas Spuren

Diana Hillebrand

Illustrationen
von Stefanie Duckstein

München-Touren auf Paulas Spuren

Ein Stadtführer
für Kinder

Volk Verlag München

Für Jürgen ♥

Die Deutsche Bibliothek verzeichnet diese Publikation in der Deutschen Nationalbibliografie; detaillierte bibliografische Daten sind im Internet über http://dnb.ddb.de abrufbar.

Streitfeldstraße 19, 81673 München
Tel. 089 / 420 79 69 80, Fax 089 / 420 79 69 86
www.volkverlag.de

Druck: Stürtz GmbH Würzburg

ISBN 978-3-86222-112-7

Inhalt

Vorwort

Hallo Freunde,

ich darf mich kurz vorstellen: Ich heiße Paula und wohne in München, irgendwo zwischen Isar und Marienplatz. Da ich Herumsitzen viel zu langweilig finde, bin ich gern unterwegs. Bei meinen Erkundungstouren habe ich schon jede Menge Abenteuer erlebt.

München ist eine tolle Stadt! Es gibt so viel zu entdecken und die Abenteuer liegen direkt vor Euren Füßen. Ihr müsst Euch nur auf die Socken machen und ein wenig umschauen.

Deshalb habe ich einen Stadtführer mit neun unterschiedlichen Touren zusammengestellt: Hier könnt Ihr ein Labyrinth entdecken, erfahren, wie die „kleine Paula" schmeckt, alte Mauern aus einer Zeit finden, als in München noch Ritter unterwegs waren, oder Zaubernüsse und ein Geschichtenbuch auf Vasen anschauen! Der 21 Meter lange Kutschenzug einer königlichen Krönungsfahrt wartet auf Euch, genauso wie Iggy & Pop, Bruno und Satdjehuti Satibu. Schaut in ein wahrlich königliches Badehaus und erfahrt, warum manches gar nicht so alt ist, wie es aussieht. München steckt voller Geheimnisse und Geschichten und wir machen uns gemeinsam auf Spurensuche.

Mein bester Freund Luca ist natürlich auch dabei. Er hatte auch die Idee für unser Löwensuchspiel. Tatsächlich haben wir sie sogar brüllen gehört. In München kann man nämlich viele Löwen finden! Es gab sogar einen sehr wichtigen Herzog in München, der den Löwen im Namen hatte:

Heinrich der Löwe, Herzog von Sachsen und Bayern, sorgte dafür, das München eine bedeutende Handelsstadt wurde. Wie das aber genau war mit Heinrich und der Stadt München, das erzähle ich Euch auf unserer Marienplatztour.

Und für Euch haben wir in diesem Stadtführer gezeichnete Löwen versteckt. Findet Ihr alle? Es sind genau 50 Stück!

Als „Zuckerl", wie wir hier in Bayern sagen, habe ich Euch auch noch ganz besondere Entdeckertipps zusammengetragen. Da gibt es sogar ein Gnocchi auf dem Viktualienmarkt zum Probieren...

Alle Informationen und Adressen findet Ihr ganz hinten im Buch zum Nachschlagen.

Aber jetzt geht es endlich los auf Entdeckungsreise. Es gibt viel zu sehen, zu hören und zu riechen!

Eure Paula

TOUR 1

Marienplatz

Werden Lindwürmer zur Hochzeit eingeladen?

Mariensäule → Neues Rathaus → Innenhof Neues Rathaus → Fischbrunnen → Altes Rathaus mit Spielzeugmuseum → Peterskirche

→ Mariensäule

Der Marienplatz ist der älteste Marktplatz der Stadt. Hier hatten die Händler früher ihre Stände aufgebaut und hier führte die Salzstraße direkt durch München. Salz war im Mittelalter eine Kostbarkeit und wurde gehandelt wie Gold. Dieses „weiße Gold", wie es manchmal auch genannt wurde, machte München als Handelsstadt bedeutend. Die geniale Idee, wie man München reicher machen konnte, hatte Herzog Heinrich der Löwe im Jahr 1157. Damals war München nämlich noch ein Dorf und es passte dem Herzog gar nicht, dass die kleine Siedlung „bei den Mönchen" so unbedeutend war. Es gefiel ihm auch nicht, dass es nur eine einzige Brücke über die Isar gab, für die der Bischof von Freising Zoll kassierte. Deshalb machte sich Herzog Heinrich der Löwe mit seinen schwerbewaffneten Rittern auf den Weg und zerstörte die Brücke des Bischofs. Danach ließ er auf Höhe der heutigen Ludwigsbrücke einen neuen Übergang über die Isar bauen und bewachen. Von diesem Zeitpunkt an führte die wichtige Handelsstraße, die Salzstraße, über diese Brücke. Jeder musste Zoll bezahlen, wenn er sie überqueren wollte. Der Bischof von Freising war deswegen ziemlich sauer. Doch am 14. Juni 1158 einigte man sich, indem Herzog Heinrich der Löwe dem Bischof von Freising ein Drittel seiner Zolleinnahmen versprach. In den folgenden Jahren wurde München eine bedeutende Handelsstadt und auf dem Marienplatz blühten die Geschäfte.

Golden leuchtet die Mariensäule auf dem Marienplatz.

Für die erste Tour trefft Ihr Euch am besten an der Mariensäule mitten auf dem Marienplatz. Das ist genau der Platz,

Die Putti kämpfen gegen
die Plagen der alten Zeiten.

auf dem früher so lebhaft Handel getrieben wurde, bevor der Markt aus Platzgründen auf den Viktualienmarkt umzog. Luca und ich hatten ja schon herausgefunden, dass die Mariensäule so etwas wie den Mittelpunkt von München darstellt. Von dort aus werden die Entfernungen nach München, die man zum Beispiel auf Autobahnschildern finden kann, berechnet. Auch die Hausnummern in den Straßen richten sich am Marienplatz aus. Das bedeutet, Haus Nr. 1 ist näher am Marienplatz als zum BeispielHaus Nr. 20.

Luca und ich staunten übrigens nicht schlecht, als wir erfuhren, dass die Marienstatue, die auf der Spitze der Säule thront, sogar vergoldet ist. Früher, bis zum Jahr 1613, stand die Statue vermutlich mal in der Frauenkirche am Hochaltar, bevor sie auf den Marienplatz gestellt wurde. 1639 kamen dann die Bronzeputti am Fuß der Säule dazu. „Putti", so nennt man übrigens diese kindlichen Engelchen. Sie sollten die Plagen der alten Zeit bekämpfen: Der Löwe verkörpert den Krieg, der Basilisk (ein Fabelwesen, halb Drache, halb Hahn, mit tödlichem Blick) die Pest, der Drache den Hunger und die Schlange den Unglauben.

„So ein Engelchen könnte ich manchmal auch gebrauchen!", sagte Luca.
„Warum?"
„Na, wegen dem Unglauben. Wenn Mama mir mal wieder nicht glaubt, dass ich für die letzte Deutscharbeit gelernt habe!"

→ Neues Rathaus

Das große Neue Rathaus auf dem Marienplatz könnt Ihr gar nicht übersehen. Darin hat der Bürgermeister von München sein Büro. Das war ganz lange (seit 1993) Christian Ude. Seit den Wahlen 2014 heißt der neue Bürgermeister von München Dieter Reiter. Es ist für jeden eine große Ehre, einmal vom Balkon des Amtszimmers des Bürgermeisters herunter zu winken. Wenn sich die Spieler des FC Bayern dort zeigen, weil sie zum Beispiel die Meisterschaft gewonnen haben, versammelt sich eine große Menschenmenge unter diesem Balkon, um ihren Sportlern zuzujubeln.

Dieses Rathaus erzählt so viele Geschichten. Es ist übrigens noch gar nicht so alt, wie es aussieht: Es wurde erst 1909 fertiggestellt, ist also nur etwas über 100 Jahre alt. Um das Neue Rathaus bauen zu können, wurden 24 Häuser abgerissen!

Der Architekt, der es entworfen hat, hieß Georg von Hauberrisser und war damals noch ein junger Mann von 25 Jahren. Ihm gefiel dieser ausladende neugotische Baustil mit den vielen Türmchen, Fenstern, Zacken, Blumen, Masken, Wappen, Wasserspeiern, Fratzen und Verzierungen. Auch eine Statue von Heinrich dem Löwen findet man an der Fassade. Das Neue Rathaus sollte aussehen wie aus dem Mittelalter, um an glanzvolle Zeiten zu erinnern.

Luca stand vor mir, die Beine gespreizt, und schwang ein mächtiges unsichtbares Schwert hin und her.

„Ich werde ihm eins verpassen!“

„Wem denn?“

„Der wird mich noch kennenlernen!“

Ich verstand gar nichts. Doch Luca näherte

sich mit großen Schritten und weit ausholenden Schwertbewegungen der linken Seite des Neuen Rathauses.
„Da!“, sagte Luca und zeigte mit seiner Schwertspitze nach oben.

Und tatsächlich: An der Fassade schiebt sich ein Drache empor, ein Lindwurm mit dem Gesicht einer Echse, mit langem Schwanz und ausgebreiteten Fledermausflügeln ... Was für ein gruseliges Tier.

Für eine Taube sieht der Marienplatz so aus.

Dieser Lindwurm oder Drache wird auch „Pestdrache“ genannt. Er hängt am Neuen Rathaus am sogenannten Wurmeck. So hieß die Stelle übrigens auch schon lange, bevor das Rathaus gebaut wurde.

Man erzählt sich, dass einmal ein riesiger Lindwurm über die Stadt geflogen sei. Er blies seinen giftigen, stinkenden Drachenatem durch die Straßen von München und brachte damit die Pest in die Stadt. Viele Menschen starben daran und lange trauten sich die Bewohner nicht auf die Straße, um sich nicht anzustecken. Deshalb, weil es so eine schlimme Krankheit war, die sich schnell verbreitete, wurde sie auch der „schwarze Tod“ genannt. Im Jahr 1630 starben mehr als 7.000 Münchner an der Pest. Eines Tages soll der Drache auf dem Marienplatz gelandet sein. Einige mutige Bewohner von München trieben ihn genau an der Stelle in die Enge, wo er heute hängt. Sie schossen mit einer Kanone auf den Lindwurm und retteten so die Stadt. Natürlich gab es diesen Drachen nicht wirklich, man stellte sich die Pest eben nur als schrecklichen, bösen Drachen vor. Vielleicht, weil etwas, das man sehen und sich vorstellen konnte, nicht mehr ganz so gruselig war wie eine unsichtbare Krankheit. Besiegt wurde die Pest am Ende wohl eher dadurch, dass die Menschen mehr auf Sauberkeit achteten und die Ratten bekämpften. Denn die Krankheit übertrug sich unter anderem über die Flöhe der Ratten auf die Menschen. Außerdem wurden Kranke von Gesunden ferngehalten, damit sie niemanden mehr anstecken konnten.

Der Pestdrache am Rathaus ist heute ganz harmlos.

Luca ließ sein unsichtbares Schwert sinken. „Du meinst also, mein Schwert bringt gar nichts?“
Ich grinste. „Nein, da brauchst du wohl eher ein Insektenschutzmittel und Seife!“

Meine Antwort überzeugte meinen besten Freund nicht, doch ich wollte mich lieber wieder etwas angenehmeren Dingen zuwenden. Schließlich gibt es am Rathaus auch andere Geschichten zu entdecken. Eine handelt sogar von einer Hochzeitsfeier …

Stellt Euch vor, es gab einen Ritter, der hieß Caspar Nothafft von Wernberg zu Alhaming, und dieser tapfere Ritter reiste zu einem großartigen Ritterturnier, das anlässlich der Hoch-

zeit von Herzog Wilhelm V. mit Renata von Lothringen in München stattfand. Für das Turnier wurden sogar die Pflastersteine des Marienplatzes, der damals noch ein lebhafter Marktplatz war und Schranne hieß, herausgerissen und es wurde eine Turnierbahn angelegt. Ein Wettbewerb der Ritter bestand darin, den Gegner mit einer vier Meter langen Turnierstange aus dem Sattel zu heben. Caspar Nothafft soll 30 Gegner besiegt haben. Doch er hatte auch einen guten Grund, sich Mühe zu geben: Er war nämlich unsterblich in die wunderschöne Hofdame Anna Jacoba Lösch verliebt. Um ihr zu imponieren, hatte Caspar sogar herausgefunden, welches Kleid sie am Tag des Festes tragen würde. Dann hatte er sich eine gleichgekleidete Puppe anfertigen lassen und sie auf seinem Helm befestigt. Jeder konnte also sehen, für wen sein Herz schlug. Am Ende gewann Caspar Nothafft das Turnier und heiratete seine Anna Jacoba am 16. Januar 1569. Sie bekamen Zwillinge. Wenn Ihr Caspar sehen wollt, dann findet Ihr ein Porträt von ihm im Münchner Stadtmuseum.

Luca pfiff durch die Zähne. „Kannst du mir mal sagen, was das alles mit dem Neuen Rathaus hier zu tun haben soll?“

Wir waren inzwischen wieder Richtung Mariensäule spaziert und standen nun direkt vor der eindrucksvollen Fassade. Es war 11.00 Uhr.

Genau in diesem Moment setzten sich die 43 Glocken im Rathausturm in Bewegung. Sie wiegen alle zusammen sieben Tonnen. Das entspricht also ungefähr dem Gewicht von zwei Elefanten! Es handelt sich um das größte Glockenspiel Deutschlands und das fünftgrößte in Europa. Die Figuren im Spielwerkserker (neben dem Fürstenpaar 16 Figuren) spielen die Hochzeit und das Ritterturnier nach, bei dem der Ritter Caspar so sagenhaft siegte. Direkt darunter sieht man das Figurenspiel der tanzenden Schäffler. Man erzählt sich, dass die Schäffler die Münchner Bürger, die sich nach der Pest noch in ihren Häusern versteckten, mit Gesang, Tanz und Trommeln wieder nach draußen lockten und so allen zeigten, dass die Gefahr vorüber war. Die Schäffler waren übrigens die Fassmacher. Ein wichtiger Beruf in alten Zeiten, weil viele Waren, wie Wein und Butter, in Fässern gelagert wurden. Plastikdosen gab es ja noch nicht. Noch heute findet alle sieben Jahre an vielen Orten in München traditionell der Tanz der Schäffler statt. Einmal tanzten sie sogar auf dem Schulhof meiner Schule.

Das Glockenspiel im Neuen Rathaus spielt täglich um 11.00 und 12.00 Uhr und von März bis Oktober auch um 17.00 Uhr. Müde wird das Münchner Kindl dann abends um 21.00 Uhr, wenn es zur Musik von Richard Wagners „Die Meistersinger von Nürnberg" sowie Johannes Brahms' „Wiegenlied" ins Bett gebracht wird – begleitet von einem Nachtwächter und dem Friedensengel. Das Glockenspiel wird mit Solarstrom betrieben und wurde 2007 nach 100 Jahren endlich mal wieder gestimmt, nachdem es nach der langen Zeit doch ziemlich schief klang.

Nur ganz nebenbei: Es werden nicht immer die gleichen Lieder gespielt. Hier ein Auszug aus dem Spielplan: „Schäfflertanz", „Muß I denn zum Städtele hinaus", „Jetzt gang i an's Brünnele", „Wohlauf Kameraden auf's Pferd", „Sah ein Knab ein Röslein steh'n", „Prinz Eugen, der edle Ritter", „Bierwalzer", „Münchner Kind'l", „Oh Tannenbaum".

Den kompletten Spielplan findet Ihr im Internet unter: www.muenchen.de

Im Innenhof des Rathauses könnt Ihr durchs Labyrinth jagen.

→ Innenhof Neues Rathaus

Im Innenhof des Rathauses haben Luca und ich dann etwas ganz Besonderes entdeckt. Das Mosaik des Bodens bildet ein riesiges Labyrinth! Schaut Euch doch den gepflasterten Boden einmal genauer an. Die Steine wurden so verlegt, dass die dunklen das Muster eines Labyrinths ergeben. Da kann man super spielen! Zum Beispiel einen Ritter, der den Weg zur holden Prinzessin finden muss.

Luca entdeckte noch etwas und zwar an der Fassade des linken Turms. Dort befindet sich die Treppe der Lebensalter. Von unten nach oben gesehen kann man die unterschiedlichen Lebensabschnitte verfolgen. Vom kleinen Jungen bis zum alten Mann und vom jungen Mädchen bis zur alten Frau. Manchmal ist es wirklich verwunderlich, was die Leute sich beim Häuserbauen so alles einfallen lassen. Im Innenhof des Neuen Rathauses fanden Luca und ich schließlich auch noch zwei bunte Löwen, die den Eingang der Rathaus-Kantine bewachen.

→ Fischbrunnen

Den Fischbrunnen kann man ganz leicht am kugeligen Fisch, der oben auf einer Säule sitzt, erkennen. Deshalb ist er auch ein beliebter Treffpunkt für Münchner. 1471 war der Brunnen auf dem Marienplatz der erste, der an die damals ganz neuen Messing-Wasserleitungen angeschlossen war. Früher sah er übrigens ganz anders aus: Er zeigte vier Metz-

Der Fischbrunnen ist leicht zu erkennen – und zwar am Fisch auf seiner Spitze.

gerburschen, die Wasser aus Eimern in den Brunnen gossen. Darüber standen vier musizierende Kinder und ganz oben ein Altgeselle mit einem Becher.

Früher wurden in dem Brunnen die Metzger-Lehrlinge „getauft". Bei diesem „Metzgersprung" hüpften die Metzger nach ihrer beendeten Ausbildung übermütig in das Wasser des Brunnens und wurden untergetaucht. Seit 1995 findet der traditionelle Metzgersprung wieder regelmäßig alle drei Jahre statt.

1944 wurde der ursprüngliche Brunnen fast vollständig im Krieg zerstört. Er wurde 1954 neu gestaltet, dabei wurden drei der erhaltenen Metzgerfiguren verwendet. Die drei ebenfalls erhaltenen musizierenden Kinder befinden sich heute am Karlstor am Stachus.

Jetzt holte Luca seinen Geldbeutel raus. Als er ihn umstülpte, sah ich, dass er leer war. „Ich kenne auch noch eine Tradition am Fischbrunnen!"
„Was für eine?", fragte ich.
Schon zog er seine Geldbörse mit schnellen Bewegungen durch das Wasser. „Das Geldbeutelwaschen. So wird er wieder voll."
Ich konnte mir mein Lachen kaum verkneifen: „Ja, voll Wasser, aber sicher nicht voll Geld."

Diese Tradition des Geldbeutelwaschens stammt vom Münchner Dienstpersonal, das damit seine Herrschaften darauf aufmerksam machen wollte, dass ihre Geldbeutel leer waren und wieder aufgefüllt werden mussten.

Bis heute gibt es diesen Brauch am Fischbrunnen. Jedes Jahr am Aschermittwoch wäscht der Münchner Oberbürgermeister zusammen mit dem Stadtkämmerer das leere Stadtsäckel. Damit soll erreicht werden, dass in Münchens Kassen immer genug Geld ist. Ob es klappt, weiß ich nicht. Luca musste seinen Geldbeutel jedenfalls zwei Tage lang trocknen, deshalb nennt er den Aschermittwoch jetzt immer „Waschermittwoch". Übrigens gibt es am Brunnen nahe am Boden sogar eine Trinkstelle für Vierbeiner. Die Münchner sind doch tierlieb!

→ Altes Rathaus mit Spielzeugmuseum

Jetzt habe ich die ganze Zeit vom Neuen Rathaus gesprochen und bestimmt fragt Ihr Euch, wo denn das Alte Rathaus ist? Wenn Ihr vor dem Neuen Rathaus steht und nach rechts schaut, habt Ihr das Alte Rathaus direkt im Blick. Ihr erkennt es am Rathausturm, durch den ein großer Torbogen führt. Im ersten Stock befindet sich ein großer Festsaal, der auch heute noch genutzt wird. Früher standen in diesem Rathaussaal zehn kunstvoll geschnitzte Moriskentänzer. Ihre Vorbilder traten bei Festlichkeiten als Gaukler auf und unterhielten die Gäste mit ihren akrobatischen Tänzen. Heute sind sie als Holzfiguren im Münchner Stadtmuseum ausgestellt.

Die Moriskentänzer im Festsaal des Alten Rathauses können sich ganz schön verdrehen.

Die echten Morisken kamen aus Spanien und waren für ihren ausdrucksstarken Tanz bekannt. Ihre Nachbildungen aus Holz sehen wirklich so aus, als würden sie direkt vor Euren Augen ihren Tanz aus akrobatischen Sprüngen und Drehungen vollführen.

Eigentlich hätte ich Luca gern überredet, mal bei der echten Moriskentanzgruppe in München vorbeizuschauen, aber er wollte nicht. Vielleicht interessiert Euch aber, was die so machen. Auf der Webseite: www.morisken.vo.tu-muenchen.de findet Ihr alle Informationen.

Ein Blick von oben zeigt den schönen alten Rathausturm.

Der Turm des Alten Rathauses beherbergt auf vier Stockwerken auch das Spielzeugmuseum. Ihr fühlt Euch fast wie in einer Puppenstube. Hier gibt es schöne alte Modelleisenbahnen, Plüschtiere, Puppen und Blechspielzeug. Für Luca und mich war es, als wären wir Zeitreisende, die in die Kinderzimmer aus längst vergangenen Zeiten schauen. Kaum waren wir draußen, blickten wir zurück und winkten noch einmal Heinrich dem Löwen zu, der an der Fassade des Rathauses in voller Rüstung, samt Löwen auf seinem Schild auf „seinen" Marienplatz blickt.

Doch kaum hatten wir den Rathausturm verlassen und waren ein paar Schritte gegangen, da zeigte Luca mit einem Grinsen in Richtung des Turms der Peterskirche.
„Komm Paula, lass uns mal raufgehen."
„Echt? Die vielen Stufen?"
„Wer als erster da ist", sagte Luca und rannte schon los.

→ Peterskirche

Wir sind schon oft die 306 Stufen der Peterskirche, oder des Alten Peter, wie die Münchner sie nennen, hochgekraxelt. Übrigens hat der Kassenwart an der Turmkasse extra einen Zettel ins Fenster gehängt, auf dem „306“ steht, weil er so oft danach gefragt wird, wie viele Stufen es bis oben sind. Oben auf der Plattform angekommen, hat man einen tollen Ausblick über München und kann manchmal sogar die Alpen sehen. Von hier aus blickt man auch auf das erste Hochhaus Münchens, in der Nähe des Sendlinger Tors. Man kann es an den roten Ziegelsteinen leicht erkennen. In diesem Hochhaus gibt es einen Paternoster, mit dem man sogar noch fahren kann.

Der Alte Peter ist 91 Meter hoch und die älteste Pfarrkirche Münchens. Hier oben gab es früher auch eine Türmerstube, denn von diesem Aussichtspunkt konnte man weit über die Stadt sehen und Meldung geben, wenn es irgendwo brannte. Die Einrichtung der Türmerstube kann man sich auch heute noch ansehen, und zwar im Feuerwehrmuseum in der Nähe des Sendlinger Tors, vis-à-vis vom alten Hochhaus.

Aber es lohnt sich auf jeden Fall auch, einmal in den Alten Peter hineinzusehen. Der prächtige goldene spätgotische Hochaltar ist eine Augenweide. Dort sitzt die Figur des Petrus, der 1733 eine Tiara (so nennt man die prächtige goldene dreifache Papstkrone) des Münchner Goldschmieds Johann Michael Ernst aufgesetzt wurde. Immer, wenn ein Papst in Rom stirbt oder zurücktritt, wird die Tiara der Figur vom Kopf genommen und erst wenn der neue Papst gewählt ist, wieder aufgesetzt. So wissen die Münchner stets, was in Rom los ist. Um an die Tiara zu gelangen, muss man übrigens auf eine vier Meter hohe Leiter steigen.

Luca und ich haben auch eine kleine hölzerne Kapelle in einer Vitrine gefunden. Wenn man dort 5 Cent einwirft, kommt das Münchner Kindl heraus und verteilt seinen Segen. Das ist echt süß!

Die prächtige Papstkrone sitzt in vier Metern Höhe auf dem Kopf der Petrusfigur.

Entdecker-Tipps:

Gutes Essen zu erschwinglichen Preisen bekommt man in der Rathaus-Kantine mit Wirtsgarten. Sie ist offen für jedermann und bietet Biofleisch aus der Region, frisches Gemüse und Salate. Auch der Cappuccino und das Bier sind bio!

→ **www.gesund-und-koestlich.de**

☺

Rechts neben dem Rathaus (Marienplatz 8) gibt es für Leckermäuler das „Fruchtikuss". Hier bekommt man feine Crêpes und Smoothies. Sonn- und feiertags hat das Fruchtikuss geschlossen.

☺

Unweit vom Marienplatz, gegenüber vom Alten Peter, befindet sich ein Shop vom Deutschen Museum. Hier gibt es wunderbare Spiele zum Experimentieren, Forschen und Basteln, beispielsweise die Münchner Frauenkirche im Bauset aus Karton, tolle Postkarten und Poster oder eine Digitalkamera zum Zusammenbauen. Und wer schon immer mal ein Solarauto bauen wollte, findet hier den Bausatz dazu. Toll sind auch die Samen aus aller Welt, mit denen man selbst Pflanzen aus fünf Kontinenten aussäen kann, darunter Erdnuss, Mais und Baumwolle (Rindermarkt 17, 80331 München).

→ **www.deutsches-museum-shop.com**

TOUR 2

Rindermarkt

Versteckt sich im Löwenturm ein Löwe?

Rindermarkt → Löwenturm → Stadtmuseum → Orag-Haus → Jüdisches Zentrum

→ Rindermarkt

Vom Marienplatz (U3, U6 und S-Bahnen) sind es nur ein paar Meter zum Rindermarkt, dem Platz, an dem sich bis ins 19. Jahrhundert noch eine Rindertränke befand und Viehhandel betrieben wurde. Die Rinder aus dunklem Naturstein aus dem Jahr 1964 erinnern daran und stehen an einer terrassenförmigen Brunnenlandschaft. Das unre-

Am Rindermarkt könnt Ihr Eure dampfenden Socken kühlen.

gelmäßig geformte Becken soll eine natürliche Wasserstelle nachahmen. Etwas abseits findet Ihr die Steinfigur des Hirten, der auf seine Rinder aufpasst.

Wenn es heiß ist, trifft man an diesem modernen Brunnen viele Münchner und viele Besucher dabei an, wie sie ihre Füße in das kühle Wasser des Brunnens tauchen. Die Rinder schauen heute gelassen auf die Menschen herab. Schön ist es hier auch in der Adventszeit, wenn sich hier auf dem Christkindlmarkt eine riesengroße Weihnachtspyramide wie in einem Weihnachtsmärchen dreht.

→ Löwenturm

Wenn Ihr vom Rindermarkt aus schräg nach links schaut, dann entdeckt Ihr sicher sofort Lucas Lieblingsturm, den Löwenturm. Da geht jedes Mal seine Phantasie mit ihm durch.

„Paula, ich bin mir sicher, darin wurden echte Löwen gehalten. Es waren die Haustiere von Heinrich dem Löwen und weil die so gefährlich waren, gab es keine Türen und keine Fenster…"

Natürlich stimmt das so nicht, aber der Turm fällt schon auf, wie er da so inmitten der modernen Glasfassaden steht. Ich habe mir oft den Kopf zerbrochen, wofür der wohl gebaut wurde … Jetzt aber weiß ich es endlich. Lange glaubte man tatsächlich, dass es sich um einen Turm des Stadtgründers Heinrich des Löwen handelte, deshalb gab man ihm auch den Namen „Löwenturm". Andere dachten, der Turm sei Teil der Stadtmauer gewesen oder ein alter Wasserturm. Aber wisst Ihr, was wirklich irre ist? Es gibt keine Treppe im Inneren des Turms! Da sind sieben

Stockwerke drin, aber keine einzige Treppe. Im Jahr 2006 wurde der Turm aufwendig saniert, dabei entdeckten die Restauratoren ganz besondere Schablonenmalereien und Fresken, die die Wappen alter Münchner Familien zeigen.

Im Löwenturm gab es niemals einen Löwe.

Der Turm wurde also wahrscheinlich zum Andenken an diese Familien gebaut. Früher grenzten Häuser direkt an den Turm an, so konnten die Bewohner der mittelalterlichen Häuser die Zimmer im Turm mitbenutzen. Als während des Zweiten Weltkriegs die Nachbargebäude zerstört wurden, stand der Löwenturm plötzlich alleine da. Die Fenster wurden zugemauert und niemand kam hinein. Natürlich könnte man von außen eine Treppe anbringen, aber das ist aus Denkmalschutzgründen nicht erlaubt. Der Löwenturm soll so, wie die Geschichte der Stadt ihn verändert hat, erhalten bleiben. Und damit erhebt sich mitten in der Stadt eines der geheimnisvollsten Gebäude Münchens. Ein Löwenturm, der mit Löwen eigentlich gar nichts zu tun hat. Da könnte man sich viele Geschichten ausdenken. Findet Ihr nicht auch?

→ Stadtmuseum

Das Münchner Stadtmuseum liegt genau zwischen Rindermarkt und Sebastiansplatz und ist wirklich eines unserer Lieblingsmuseen in München. Dort steht an einer Wand übrigens ein ganz langes bayerisches Schimpfwort:

In diesem ehemaligen Zeughaus befindet sich heute das Münchner Stadtmuseum.

HIMMIHERRGOTTZAGRAMENTZEFIXHALLELUJA-LEXTAMARSCHSCHEISSGLUMPFAREGTS. Ihr müsst mal versuchen, das auszusprechen, das ist gar nicht so einfach.

Das Münchner Stadtmuseum ist das ehemalige Zeughaus. „Zeug", so nannte man früher Waffen und Rüstungen.

„Das kenn ich auch!", schrie Luca.
„Was kennst du? Waffen und Rüstungen?"
„Nö, aber meine Mutter sagt immer: ‚Räum doch mal dein Zeug auf'."

Ich mag das Münchner Stadtmuseum sehr. Es gibt dort zum Beispiel eine Dauerausstellung, die „Typisch München!" heißt. Da kann man viel entdecken: Luca begeistert sich immer wieder für das Fließband mit bayerischen Gerichten: Leberkäs, Steckerlfisch, Knödel, Presssack, Prinzregententorte, Obazda und Schweinshaxe, natürlich

Im Münchner Stadtmuseum gibt es einen Trödelstand, der auch auf der Auer Dult stehen könnte.

aus Plastik nachgebildet, ziehen da gemächlich an einem vorbei. Es gibt auch eine Sammlung mit Bierkrügen. Ihr könnt sehen, wie die Münchner früher gewohnt und was sie angezogen haben. Und wenn die Füße platt sind, dann setzt Euch doch einfach in einen der kleinen Kinoräume und schaut Euch den Film an, auf dem ein Floß die Isar runterfährt. Das gehört nämlich auch zur Münchner Geschichte. Außerdem gibt es eine tolle Musikinstrumentensammlung und eine Dauerausstellung für Puppentheater und Schaustellerei. Die Puppen sind manchmal ein bisschen gruselig, aber das mögen Luca und ich ja gerade. Am Ende der Runde empfehle ich Euch noch einen Besuch im Museumsladen servus.heimat. Im Übergang vom Museum zum Shop ist ein Trödelstand aufgebaut, wie man ihn von der Auer Dult kennt. Schaut Euch diesen kultigen Dultstand unbedingt an! Im Shop nebenan gibt es dann alles, was bayerisch oder Münchnerisch ist – manchmal auch richtig verrückte Sachen wie Glitzerhirsche.

Das Orag-Haus ist einfach schön! Früher stand hier mal ein Badehaus.

→ Orag-Haus

Luca habe ich jetzt mal kurz zum Rutschen in das Bekleidungshaus „Konen“ geschickt. Denn das nächste Haus ist nichts für ihn. Er interessiert sich nicht für Knöpfe, dabei braucht die doch wirklich jeder! Ich möchte das Orag-Haus unbedingt kurz erwähnen. Ihr müsst vom Stadtmuseum nur ein paar Schritte weiter auf der Straße Oberanger weitergehen. Dann findet Ihr das Orag-Haus sofort. Denn es wurde sehr schön restauriert und sieht so richtig hochherrschaftlich aus. Die Fassade ist altrosa und es gibt schöne Verzierungen.

Früher stand an der Stelle des Hauses am Oberanger ein Badehaus. Ein Spruch an der Fassade erinnert noch daran: „Ein Bad vor Zeiten hier bestand ‚Gighanbad' ward es genannt." Der Name leitet sich aus dem Familiennamen Hanns Gügerhahn (= Gickel-/Gockelhahn) ab, der das Bad im 14. Jahrhundert leitete. Später nannte man das Bad auch „Hahnenbad" oder „Hahnbaderhaus". Lustig, wie so Namen entstehen und sich über die Jahre verändern.

Gerade in diesem Moment kam Luca angerannt. „Hey Paula, genug gerutscht. Ich komme doch lieber mit dir. Was gibt es hier zu sehen?"
„Früher konnte man hier baden!"
„Echt?" Luca sah etwas skeptisch aus. „Sieht nicht so aus, als wäre hier mal ein Schwimmbad gewesen…"
„Das war ja auch kein Schwimmbad, sondern ein Badehaus. Dorthin gingen die Münchner, die kein Badezimmer hatten, und wuschen sich."
„Ach so, das war aber sicher umständlich."

Luca hatte wie immer recht. Trotzdem war ein Badehaus früher sehr wichtig. Denn damals gab es nicht in jedem Haus ein Badezimmer, wie wir das heute kennen. Oft hatten die Leute nur eine Schüssel und einen Krug mit Wasser. Wenn man richtig sauber werden wollte, dann ging man in ein Badehaus.

Für den Neubau eines Geschäftshauses wurde das alte vierstöckige Haus dann jedoch abgerissen. Schon von außen ist das „neue" Haus echt klasse. Die rosa Fassade ist aufwendig renoviert worden. Dafür bekam es 1976 sogar den Fassadenpreis der Stadt München. Innen gibt es dann ein ganz besonderes Ladengeschäft. Denn hier könnt Ihr Kurzwaren aller Art kaufen. Den Ausdruck kennt man heute fast gar nicht mehr, das sind Knöpfe, Garne, Nadeln, Reißverschlüsse und alles, was man so zum Nähen braucht. Wenn Ihr also einen außergewöhnlichen Knopf sucht, hier findet Ihr ihn sicher.

→ Jüdisches Zentrum

Schon im Mittelalter gab es jüdisches Leben in München. Im Laufe der Geschichte wurden Juden leider auch in München immer wieder vertrieben, misshandelt und ermordet. Trotzdem entwickelte sich eine jüdische Gemeinde. 1826 konnten die Münchner Juden die erste neuzeitliche Synagoge einweihen. Sie stand in der heutigen Westenriederstraße in der Nähe des Viktualienmarkts. Später folgte eine prächtige Hauptsynagoge in der Herzog-Max-Straße, am heutigen Lenbachplatz. Das Wort „Synagoge“ kommt aus dem Griechischen und bedeutet „Versammlung“. Auf Hebräisch lautet der Name „Beth-ha-Knesset“, „Haus der Versammlung“.

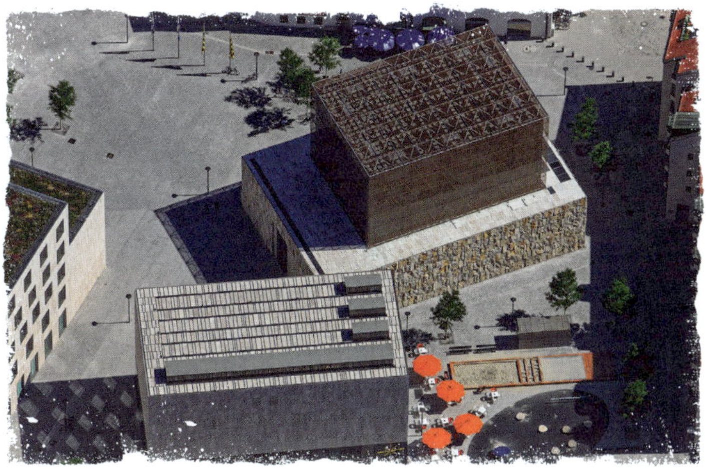

Das Jüdische Zentrum aus der Vogelperspektive. Die Schirme gehören zum Café Makom.

1910 gab es in München noch Hunderte große und kleine jüdische Geschäfte. Doch in den 1930er Jahren begann eine der schlimmsten und dunkelsten Zeiten für die Münchner Juden. Sie wurden von den Nationalsozialisten, die die Macht in Deutschland hatten, verfolgt, enteignet und viele ermordet. In der Nacht vom 9. auf den 10. November 1938, der Reichspogromnacht, wurden Schaufenster eingeschlagen, Geschäfte geplündert, die Synagogen in Brand gesetzt und zerstört.

Das Portal der Synagoge am St.-Jakobs-Platz

65 Jahre nach der Zerstörung wurde am 9. November 2003 der Grundstein für die neue Hauptsynagoge gelegt. Die moderne neue Synagoge auf dem St.-Jakobs-Platz liegt in Sichtweite des Orag-Hauses. Sie ist wirklich nicht zu übersehen, denn die Architekten haben etwas Einzigartiges geschaffen.

Das Jüdische Zentrum besteht aus drei frei stehenden Gebäuden aus Naturstein. Die Flächen dazwischen wurden mit Bäumen bepflanzt und ein Brunnen wurde installiert. Das größte Gebäude ist die Synagoge, die 28 Meter hoch ist und deren Steinsockel an einen Tempel erinnern soll. Wenn Ihr Euch den darüber liegenden Glaswürfel einmal genau anseht, werdet Ihr darin ganz viele Davidsterne entdecken können. Der Davidstern, benannt nach König David, ist ein Symbol des Judentums. Über dem Glas ist ein feines Netz aus Bronze gespannt, das an das „Stiftszelt“ erinnern soll. Die Konstruktion dieses transportablen Zeltheiligtums wird im 2. Buch Mose genau beschrieben. Das Zelt diente den Israeliten während ihrer Wüstenwanderung als Ort der Begegnung mit Gott. Ein weiteres Gebäude des Jüdischen Zentrums beherbergt auf drei Etagen ein Museum. Darin findet Ihr etwas über jüdische Geschichte, Jahresfeste, Künstler und vieles mehr. Es ist auch ein Ort der Erinnerung an die schlimme Judenverfolgung im Krieg. Wechselnde Ausstellungen zeigen das jüdische Leben heute. Außerdem gibt es viele Veranstaltungen für Kinder. Darin könnt Ihr erfahren, warum es in manchen jüdischen Haushalten zwei Spülmaschinen gibt, warum die Tora eine Krone trägt und wie koschere Gummibärchen schmecken.

Entdecker-Tipps:

Habt Ihr Lust auf eine kleine Rutschpartie? Dann auf in das Bekleidungsgeschäft Konen (Sendlinger Straße 3). Dort gibt es in der Kinderabteilung im UG eine tolle Rutsche.

☺

Auf dem Sebastiansplatz könnt Ihr Euch mitten in der Stadt mal richtig austoben. Rundherum findet Ihr auch jede Menge Gelegenheiten, um etwas zu essen und zu trinken.

☺

Direkt im Münchner Stadtmuseum befindet sich das Stadtcafé. Dort kann man – auch ohne Museumseintrittskarte – gemütlich verschnaufen, etwas essen und trinken.

→ www.stadtcafe-muenchen.de

☺

Das „Café Makom“ im Jüdischen Museum hat eine große Sonnenterrasse. Besonders der kleine Spielplatz davor ist bei den Kindern beliebt. Einmal schnell in den Sandkasten oder auf die Drehscheibe. Das macht Spaß! Zu Essen gibt es Falafel mit Salat, Oliven, Fladenbrot und Steckerleis. Alles ist rein vegetarisch.

→ **www.cafe-makom.de**

☺

Alle Kreativen finden in der kleinen Keramikmanufaktur „froh+bunter“ die Möglichkeit, Keramik selbst zu bemalen. Hier könnt Ihr Tassen, Teller, Müslischalen und noch viel mehr bunt und phantasievoll gestalten. Darauf serviert schmeckt das Frühstück noch besser!

→ **www.froh-und-bunter.de**

TOUR 3

Viktualienmarkt

Legt der „Schrecken der Au“ Eier?

Viktualienmarkt → Stadtmauer → Isartor → Valentin-Karlstadt-Musäum → Lueg ins Land

→ Viktualienmarkt

Jeder, der in München ist, besucht mindestens einmal den Viktualienmarkt. Und weil dieser Markt weltberühmt ist, beginnen wir diese Tour genau dort. Wenn Luca und ich auf dem Viktualienmarkt sind, lassen wir uns immer von unseren Nasen leiten. Man kann so viel riechen: Bratwürste, duftende Lavendelsäckchen, Gewürze aus der ganzen Welt, Käse, Steinpilze, Fischsemmeln, exotische Früchte, aber auch Erdbeeren, Kirschen, Weintrauben, saure Gurken und noch viel, viel mehr. Wenn Ihr Lust habt, könnt Ihr ein Spiel machen und aufschreiben, was Ihr alles riecht. Derjenige von Euch, der die meisten Dinge aufgeschrieben hat, gewinnt! Das Wort „Viktualien" kommt übrigens aus dem Lateinischen. Es leitet sich von dem Wort „victus" ab, was „Vorräte" oder „Lebensmittel" bedeutet; der Viktualienmarkt war also ein Markt für Lebensmittel. Und

Ohren, Nase und Augen auf beim Bummel über den Viktualienmarkt

das ist er bis heute geblieben. Angefangen hat aber alles am Marienplatz, wo früher der Markt der Stadt München abgehalten wurde. Als der Marienplatz für die vielen Händler zu klein wurde, verlegte König Max. I. Joseph im Jahr 1807 einen Teil des Markts in das Gebiet zwischen Heilig-Geist-Kirche und Frauenstraße und dort findet man nun schon seit über 200 Jahren den Viktualienmarkt!

Der Viktualienmarkt ist wirklich sehr groß, es gibt über 140 Stände. Die Bayern sagen übrigens „Standl“ dazu. Früher wurden die Verkaufsstände jeden Tag neu zugeteilt, heute hat jeder Stand seinen festen Platz.

„HA! Da fällt mir was ein!“, schrie Luca. Wenn Luca was einfällt, sollte man ihm besser zuhören, das wusste ich inzwischen. „Also sag schon.“

„Wenn man hier auf dem Viktualienmarkt unterwegs ist und sich aus den Augen verloren hat, kann man sich an dem langen Maibaum inmitten des Markts treffen. Den sieht man nämlich von jeder Stelle aus!“

Stimmt. Der 37 Meter lange Maibaum ist wirklich nicht zu übersehen! Er wurde 2012 erneuert und musste mit einem Kran aufgestellt werden. Also Freunde, bevor Ihr startet, um den Markt zu erkunden, nicht vergessen: TREFFPUNKT MAIBAUM!

Insgesamt ist der Markt übrigens in sieben Bereiche aufgeteilt: Da gibt es zum Beispiel die „Metzgerzeile“, direkt am Fuße des Alten Peters, es gibt einen Abschnitt mit vielen Obstständen, einen Bereich für die Geflügelhändler, einen für den Bauernmarkt, einen für die Kartoffelhändler und die Suppenküche, einen Teil für Blumen und Obst und mit-

tendrin ist ein Biergarten, den man ganz oft im Fernsehen sieht, weil er so typisch für die bayerische Lebensart ist. Viele sagen: Auf dem Viktualienmarkt, da schlägt Münchens Herz.

Auch die Herzen der sechs berühmten Münchner Volkssänger und Schauspieler schlugen für diese schöne Stadt, deshalb hat man sechs ganz besondere Brunnendenkmäler zu ihren Ehren aufgestellt. Daraus kann man ein schönes Such-Spiel machen: Sucht die Brunnen von Karl Valentin, Weiß Ferdl, Liesl Karlstadt, Ida Schumacher, Elise Aulinger und Roider Jackl.

Der Maibaum auf dem Viktualienmarkt ist ein echter Hingucker.

Übrigens: Karl Valentin und Liesl Karlstadt werden wir auf dieser Tour später noch mal begegnen … Doch bleiben wir erst noch ein bisschen auf dem Viktualienmarkt, denn der hat sich über die Jahre auch ganz schön verändert. Wasser hat dabei immer eine große Rolle gespielt, denn die Händler benötigten es zum Beispiel zum Saubermachen, zum Blumengießen oder um etwas abzuwaschen. In ganz München soll es früher fast 90 Bäche und Seitenarme des Isarkanals gegeben haben und sieben dieser Bäche flossen damals kreuz und quer über den Viktualienmarkt: das Fischerbachl, das Münzbachl, das Strohhammerbachl, der Katzenbach, der Stadtgrabenbach, der Roßschwemmbach und der Pfisterbach (Bachl = bayerisch für kleiner Bach/Fluss). Heute sieht man davon leider nichts mehr, aber die Brunnen und einige

Hydranten liefern immer noch frisches Trinkwasser, was Gäste und Standbesitzer freut. Einmal im Jahr, immer am ersten Freitag im August, werden die Brunnen dann von den Marktleuten für das Brunnenfest mit schönen Blüten geschmückt. Außerdem treten Musiker und Künstler in traditionellen Gewändern auf.

Absolut empfehlenswert ist eine Brunnentour: Schnappt Euch einen Becher und trinkt Euch von Brunnen zu Brunnen. Das Wasser ist köstlich und hat Münchner Trinkwasserqualität!

„Paula, jetzt hab ich Hunger! Nach dem vielen Wasser brauche ich jetzt was Richtiges zum Essen!“

„Dann lass uns zur Metzgerzeile gehen.“

„Oh ja, da kauf ich mir eine Leberkässemmel.“

Lecker! Ein typischer Obststand auf dem Viktualienmarkt

Zum Essen findet man auf dem Viktualienmarkt natürlich vieles: Bratwürste, Leberkäs, Fischsemmeln und natürlich Pommes. Auch eine große saure Gurke auf die Hand ist manchmal genau das Richtige. Die Metzgerzeile solltet Ihr auf jeden Fall nicht verpassen. Sie liegt am Fuße des Petersbergs, das ist da, wo auch der Alte Peter aus der Marienplatztour steht. Die Metzgerzeile trägt ihren Namen zu Recht. Hier reihen sich mehrere Metzgergeschäfte dicht an dicht aneinander und präsentieren ihre Fleisch- und Wurstwaren. Natürlich gibt es dort auch eine Leberkässemmel für Luca.

Wenn Ihr dann immer noch Lust auf Leckereien habt, dann empfehle ich Euch noch einen Blick in die Schrannenhalle am Rande des Viktualienmarkts oder einen Besuch im Schokoladengeschäft „Sama-Sama“ in der Westenriederstraße.

→ Stadtmauer

Es gibt ja nicht mehr so viele Stellen in München, an denen man die alte Stadtmauer sehen kann. Doch unweit des Viktualienmarkts könnt Ihr ein echtes Stück Stadtmauer bewundern. Ihr findet sie in der Westenriederstraße, schräg gegenüber des Biomarkts Basic.

Wenn Ihr wollt, könnt Ihr auf einem echten Stück Stadtmauer balancieren!

Die Stadtbefestigung war an manchen Stellen bis zu 14 Meter hoch, davor gab es noch eine kleinere, vier bis fünf Meter hohe Mauer, die man „Zwingermauer“ nannte. Insgesamt war die Stadtbefestigung 4.000 Meter lang. Sie bot den Bewohnern von München einen ungeheuren Schutz vor Angreifern. Gut befestigte

Städte waren im Mittelalter sehr wichtig. Denn nicht selten waren Räuber auf den Straßen unterwegs.

Wenn Ihr die Mauer einmal genau und im Ganzen ansehen wollt, findet Ihr im Bayerischen Nationalmuseum ein exaktes Holzmodell der Stadt, das der Drechslermeister Jakob Sandtner im Jahr 1570 angefertigt hat.

→ Isartor

Von dem Rest Stadtmauer in der Westenriederstaße sind es nur ein paar Schritte bis zu einem noch fast vollständig erhaltenen Münchner Stadttor. Das Isartor wurde zwischen 1285 und 1347 von Ludwig dem Bayern in Auftrag gegeben und errichtet. Auf dem langen Bild zwischen den beiden Türmen seht Ihr diesen großen Kaiser, wie er nach einer Schlacht triumphierend heimkehrt. Solche Bilder, die man auch Fresken nennt, waren früher so etwas wie Werbeplakate,

Ein fast vollständig erhaltenes Stadttor aus dem Mittelalter: das Isartor

Oben im Stüberl des Valentin-Karlstadt-Musäums gibt es viel zu entdecken.

nur, dass sie natürlich viel länger hielten, deshalb könnt Ihr Ludwigs Triumphzug bis heute anschauen. Doch das Isartor hat – auch von außen – noch mehr zu bieten.

„Genau", rief Luca und seine Stimme nahm einen geheimnisvollen Ton an: „Wo läuft die Zeit rückwärts? Wer war der Schrecken der Au und kann man Tante Paula essen?"
Ich grinste. „Dort mein Freund, wirst du die Antwort auf all deine Fragen finden". Dabei zeigte ich mit verschwörerischer Miene auf den Turm des Isartors.

Am Hauptturm des Isartors befinden sich zwei Uhren. Die eine zeigt Richtung Isartorplatz und ist ganz normal, aber auf der Westseite, Richtung Tal, laufen die Zeiger in die falsche Richtung. Die Ziffern sind spiegelverkehrt aufgezeichnet und die Zeiger drehen sich linksherum. Das ist natürlich kein Versehen, diese Uhr passt einfach gut zu Karl Valentin, dessen „Musäum“ (Schreibweise nach Valentin) sich in den Türmen des Isartors befindet. Karl Valentin hat die Dinge ja bekanntlich auch immer auf seine ganz eigene Art gesehen. Sogar Willy Brandt, der von 1969 bis 1972 Bundeskanzler der Bundesrepublik Deutschland war, soll sinngemäß gesagt haben: „In Bayern gehen die Uhren eben anders.“ Hier am Isartor darf man diesen Ausspruch wortwörtlich nehmen. Gestiftet hat die besondere Uhr übrigens Petra Perle, die frühere Wirtin des Turmstüberls im Isartor. Was wollte sie den Münchnern damit wohl sagen? Vielleicht, dass man ruhig auch mal anders herum denken darf! Das hätte Karl Valentin bestimmt auch gefallen und den besuchen wir jetzt gleich als nächstes. Dafür gehen wir nun in das Isartor hinein bzw. steigen dessen Türme hinauf!

→ Valentin-Karlstadt-Musäum

Das Karl-Valentin-Musäum ist vielleicht das einzige deutsche Museum in einem Stadttor und schon am Eingang wird klar, dass es sich um ein ganz besonderes Museum handelt. Denn dort findet Ihr folgenden Satz: Kinder unter 6 Jahren und 99-Jährige in Begleitung ihrer Eltern haben freien Eintritt.

Wem, so fragt Ihr Euch vielleicht, fällt so ein verrückter Spruch ein? Die Antwort lautet: Karl Valentin. Geboren wurde er am 4. Juni 1882 in München. Karl Valentin hatte jede Menge Phantasie und ihm ist schon als Kind viel Unsinn eingefallen und das war manchmal – vor allem für die anderen – gar nicht so lustig. Oft ging er mit seinen Streichen nämlich ganz schön weit, deshalb nannte man ihn auch „den Schrecken der Au“. Die Au ist ein Stadtteil von München, in dem früher sehr arme Leute gewohnt haben – und eben auch Karl Valentin. Die Kinder liefen im Sommer oft barfuß herum, weil kein Geld für Schuhe da war. Der kleine Karl, der gern Sanitäter spielte, streute eines Tages Scherben aus. Die Nachbarskinder traten auf die Scherben und verletzten sich. Auf diese Weise kam der kleine Karl zu seinen echten Patienten, die er nun fachmännisch verarzten konnte.

„Ganz schön verrückt, dieser Karl Valentin", sagte Luca.
„Stimmt, aber er war auch schlau und übrigens ein sehr guter Musiker. Typisch für ihn war, dass er vieles wortwörtlich genommen hat."
„Ich weiß genau, was du meinst, Paula! Stell dir mal ein ‚Nest voll ungelegter Eier' vor… Stimmt, es wäre einfach ein leeres Nest."
„Genau so hat Karl Valentin gedacht, aber jetzt lass uns endlich reingehen!"

Diesen Winterzahnstocher hat Karl Valentin erfunden.

In dem außergewöhnlichen Museum gibt es wirklich viel zu entdecken, schon wenn man die schmale Wendeltreppe hinaufsteigt. Da ist zum Beispiel der Nagel, an den Karl Valentin seinen Beruf gehängt hat (er war gelernter Schreiner), es gibt ein Mauseloch, aber wir haben die passende Maus dazu noch nicht gefunden. Toll ist auch der Winterzahnstocher, der einen weichen Puschel am Ende hat, damit die Finger beim Halten nicht frieren, oder ein Glas mit Berliner Luft. Es gibt viele Fotos von Karls Auftritten, denn er war ein bekannter Münchner Volkssänger und ist zusammen mit Liesl Karlstadt in Wirtshäusern aufgetreten. Karl Valentin war vor allem musikalisch sehr begabt. Schon als Kind bekam er Unterricht auf der Zither. Später hat er sich selbst 15 Musikinstrumente beigebracht, darunter Geige, Klavier, Mandoline und fast alle Blasinstrumente. Aber das hat ihm natürlich nicht gereicht. Er wollte mehrere Instrumente gleichzeitig spielen! Darum erfand er sein berühmtes Orchestrion, zusammengesetzt aus 27 Instrumenten, von denen er möglichst viele zur gleichen Zeit spielte. Ein irres Teil! Es gibt auf dem Weg nach oben in den Turm wirklich viel zu entdecken. Nach 14 Höhenmetern oben angekommen, könnt Ihr Euch dann im achteckigen Turmstüberl ausruhen. Für Euch gibt es dort heiße Schokolade, feinste hausgemachte Kuchen, Säfte, Auszogne und…

„… eine kleine Paula!“
„Richtig, Luca.“

Was das genau ist, wird Euch die freundliche Wirtin Bernadette Obergrußberger sicher gern verraten. Kleiner Tipp: Es ist kein „aufgeräumter Knilch“, dafür aber eine aufgeschäumte M….

→ Lueg ins Land

Gestärkt gehen wir nun noch einmal zurück ins mittelalterliche München von Kaiser Ludwig dem Bayern. Denn nur 200 Meter nördlich des Isartors gab es einen Wehrturm als Teil der Stadtmauer. Hier stoßen die Straßen „Lueg ins Land“ und „Marienstraße“ etwa rechtwinklig aufeinander. Vor dem Vindelikerhaus in der Marienstraße 21 ist heute der frühere Grundriss des Turms mit roten Pflastersteinen auf dem Gehweg markiert. Auf einem Fresko an der Fassade nebenan seht Ihr, wie der Turm ausgesehen haben könnte, und auf der Gedenktafel steht: „Hier stand der Wachtthurm Lueg ins Land, ob seiner Fernsicht so genannt." Heutzutage hat man diese Fernsicht natürlich nicht mehr …

Die Gedenktafel zeigt, dass man hier früher weit „ins Land" schauen konnte.

Luca hatte sich breitbeinig in Position gebracht und schaute mich scharf an: „Komm zu mir holde Dame und wir schauen ins Land hinein und sollte da etwas sein, das Gefahr dir bringt, wird es sogleich gebannt…" Mit diesen Worten hob er sein unsichtbares Schwert drohend in die Luft.

„Oh starker Ritter mein, lass die Gefahren lieber sein. Denn in diesen Wachturm fein, kam später ein Gefängnis rein."

„Ach so", sagte Luca und stellte sein unsichtbares Schwert in die Ecke.

Und wenn Ihr immer noch nicht genug habt von Münchens mittelalterlichen Geschichten, dann schaut noch ein paar Meter weiter. Am Thomas-Wimmer-Ring 1 (Innenhof) findet Ihr ein weiteres Stück Stadtmauer und sogar das Fundament eines ehemaligen Rundturms.

Entdecker-Tipps:

Besucht auf dem Viktualienmarkt unbedingt auch meine Freundin Marina an ihrem Stand „Marinas Feinkost“ gleich gegenüber vom „Kustermann“. Bei ihr gibt es die weltbesten frischen Gnocchi. Die lassen sich zu Hause ganz schnell mit etwas Butter in der Pfanne und frischem Salbei (gibt's bei Marina immer dazu) in ein leckeres Mittagessen verwandeln. Und wenn Ihr unseren Codesatz **„Paula isst Gnocchi roh“** sagt, bekommt Ihr auch ein frisches Gnocchi zum Probieren geschenkt. Gute Gnocchi, so sagt Marina, schmecken nämlich auch roh ganz köstlich.
☺

Marina lädt Euch auf ein Gnocchi ein.

Direkt am Rand des Viktualienmarkts findet Ihr die Schrannenhalle. Die Schrannenhalle war die erste Eisenkonstruktion in München. Ursprünglich war sie als Getreidehalle (Schranne = Getreidemarkt) erbaut worden. Heute befinden sich darin viele Marktstände. Das ist auf jeden Fall auch ein Tipp für Regenwetter. Denn diese Stände sind – im Gegensatz zum Viktualienmarkt – überdacht. Im Untergeschoss gibt es einen großen Milka-Markt. Toiletten und einen Wickeltisch findet man übrigens ebenfalls im Untergeschoss der Schrannenhalle.
☺

Vis-à-vis der Schrannenhalle, in unmittelbarer Nähe des Viktualienmarkts, befindet sich ein traditionelles Münchner Café. Das „Café Frischhut“ ist legendär, denn dort gibt es ganz frische Schmalznudeln oder Auszogne, wie man in Bayern sagt. Dieses Hefegebäck, das in heißem Fett gebacken wird und warm gegessen wird, wurde übrigens im Mittelalter schon von den Schafbauern gern zu Mittag gegessen. Aber es schmeckt auch heute - ganz ohne Schafherde - einfach wunderbar.

☺

Ebenfalls nicht weit vom Viktualienmarkt entfernt, in der Westenriederstraße 21, trefft Ihr auf ein ganz besonderes Schokoladengeschäft: Im „Sama-Sama“ könnt Ihr zuschauen, wie aus Schokolade und Früchten wahre Pralinenkunstwerke entstehen. Auf manche kommt sogar echter Goldstaub drauf. Da läuft einem das Wasser im Mund zusammen. Der Laden ist sehr klein und so ein richtiger Schokoladen-Dschungel. Es gibt über 120 verschiedene Variationen und alle sind ohne Konservierungsstoffe und künstliche Zusätze. Aber Achtung: In manchen ist Chili!

→ **www.sama-sama.de**

☺

Übrigens ist im Volk Verlag ein toller Valentin-Comic erschienen. Viele Comic-Künstler haben daran mitgezeichnet. Die Geschichte mit den Glasscherben kommt auch vor.

→ **www.volkverlag.de**

TOUR 4

Frauenkirche

Haben Stasi und Blasi Angst vorm wilden Eber?

Fünf Höfe → Literaturhaus → Dom zu Unserer Lieben Frau → Löwengrube und Ettstraße → Jagd- und Fischereimuseum

Hier könnt Ihr Eure Erkundungstour in die Höfe starten.

→ Fünf Höfe

Um zu den Fünf Höfen zu gelangen, startet Ihr am besten am Odeonsplatz oder am Marienhof. Der Marienhof befindet sich auf der Rückseite des Münchner Rathauses. Wenn Ihr mit der U-Bahn, Linien U3 und U6, oder der S-Bahn an der Haltestelle Marienplatz ankommt, nehmt Ihr den Ausgang Marienhof. Oben geht es dann die Theatinerstraße (Fußgängerzone) entlang, bis auf der linken Seite ein Eingang zu den Fünf Höfen erscheint. Diese Einkaufspassage ist seit 2003 ein ganz besonderer Einkaufs-, Kultur- und Wohnort in München.

Interessant wird es, wenn Ihr Euch vorstellt, dass sich die Architekten für die Fünf Höfe die Münchner Residenz zum Vorbild genommen haben. Man kann sagen, dass sie eine moderne Fortsetzung der Lichthöfe der Residenz darstellen sollen. In den Höfen und Geschäften kann man aber nicht nur Einkaufen …

Die „Salvatorpassage“ hat ihren Namen nicht vom Frühjahrsstarkbier der Paulaner Brauerei, sondern von der Nachbarschaft zum Salvatorplatz bzw. zur Salvatorstraße. Die Passage ist 90 Meter lang. Aber bekannt ist sie vor allem wegen der „Hängenden Gärten“ von Tita Giese. Schaut nach oben! Da hängen 200 Pflanzen (Kastanienwein, Lilienwein, Mathea, Efeutraube, Riesengranadilla, Pfeifenwinde, Efeutute und Alba). Sie sind unter der Decke angepflanzt und wachsen bis zu zwölf Meter in die Tiefe, schweben also direkt über den Köpfen der Besucher. Bei der Auswahl wird streng darauf geachtet, dass die Pflanzen nicht ölhaltig, also brennbar sind. Das wird sogar von der Feuerwehr überprüft. Alle zwei Tage kommen Gärtner zur Pflanzenpflege und zweimal im Jahr ziehen sie Reinigungshandschuhe an und putzen jedes einzelne Blatt! Das ist viel Arbeit, aber gerade diese kunstvoll hängenden Gärten machen die Passage zu etwas ganz Besonderem.

Auch in der „Prannerpassage“ geht es kunstvoll zu. Verantwortlich ist in diesem Fall die Mayer'sche Hofkunstanstalt München, die auf der ganzen Welt für ihre Glasarbeiten, Glasmalereien und Mosaiken bekannt ist. Es gibt viele Orte in München, an denen man ihre Arbeiten bewundern kann, etwa in der Frauenkirche, die wir noch besuchen werden, oder auch in den Wasserbecken im Kabinettsgarten, deren Mosaike ebenfalls aus diesen berühmten Werkstätten stammen.

Und wenn Ihr Euch in der Prannerpassage der Fünf Höhe einmal um Euch selbst dreht, glitzert es wie wild. Der Tunnel wurde von der Mayer'schen Hofkunstanstalt mit einer Unmenge an Glasplättchen verkleidet. All das erinnert ein bisschen an den Grottenhof der Residenz, den wir uns später noch ansehen werden. Wer mehr darüber wissen möchte, in der Münchner Volkshochschule finden regelmäßig Führungen in der Mayer'schen Hofkunstanstalt statt.

Man soll ja immer schauen, wohin man geht, und dann findet man manchmal etwas, über das man sonst einfach drüber gelatscht wäre. So jedenfalls ging es Luca und mir, als wir den Boden in den Fünf Höfen mal genauer unter die Lupe genommen haben. Als erstes haben wir die Landschafts- und Städtebilder gefunden, die mit einer Lasertechnik in den Stein gearbeitet wurden – zwölf Stück gibt es davon. Ihr könnt ja mal versuchen, alle zu finden! Sie zeigen Luftaufnahmen der Natur, von einem Dorf und sogar die Straßen im New Yorker Stadtteil Manhattan. Die Bilder stammen von dem Fotokünstler Thomas Ruff.

Und dann gibt es da noch andere Bodenplatten und bei denen mussten wir erst mal ein bisschen überlegen, was das eigentlich soll. Ehrlich gesagt, standen wir eine ganze Weile davor. Denn dort auf dem Boden stehen Wörter, die in einer bestimmten Art angeordnet sind. Je länger wir diese Wörter angesehen haben, umso mehr entstand ein Bild in unserem Kopf, und wir merkten, dass wir, wenn wir Stifte gehabt hätten, aus den Wörtern ein Bild hätten malen können. Genau das hat der Künstler namens Rémy Zaugg mit seinen Wort-Bildern gemacht. Unten auf die Bilder hat er den Namen des Malers geschrieben, dessen Bild er vor Augen hatte, als er die Worte zusammenstellte. Vielleicht habt Ihr ja auch Lust, einmal ein Wort-Bild zu schreiben?

Ein Blick auf den Fußboden in den Fünf Höfen lohnt sich immer.

Jetzt haben wir die ganze Zeit auf den Boden geschaut, nun wird es Zeit, auch wieder nach oben zu blicken. Denn ein echter Hingucker ist auch die tonnenschwere Stahlkugel „Sphere" im fünfeckigen „Viscardihof", die ein bisschen aussieht wie ein Wollknäuel. Sie ist acht Meter hoch und acht Tonnen schwer und musste von einem der größten Autokräne in Deutschland hineingehoben werden. Aber Ihr müsst keine Angst haben, sie fällt Euch bestimmt nicht auf den Kopf. Stellt Euch doch einfach mal darunter und schaut in die Kugel – das ist fast wie eine Welt in der Welt. Die Kugel soll für die Vernetzung der Welt stehen, also dafür, dass alle Menschen auf der Erde miteinander verbunden sind. Den Künstler, der das gemacht hat, kennen wir schon von anderen Stellen in München. Es ist der Isländer Ólafur Elíasson, der auch das „Bühnenfenster" am Marstallplatz und das „Wirbelwerk" im Eingangsbereich des Lenbachhauses gestaltet hat.

Die Kugel von Ólafur Elíasson gewährt einen Blick ins Universum.

Zum Schluss möchte ich Euch noch die Geschichte vom „Taubenmutterl" (auch „Tauben-Marie" genannt) erzählen. Die findet man nämlich auch in den Fünf Höfen und zwar im „Amirahof". Der Amirahof ist ein guter Platz, wenn Ihr Euch von dem ganzen Stadttrubel einmal ausruhen wollt. Zwölf Platanen wachsen auf dem Boden, der mit schwarzen Basaltsteinen bedeckt ist. Das sieht wirklich toll aus! Darauf stehen hohle Steinwürfel zum Hinsetzen. Macht es Euch dort gemütlich und betrachtet den kleinen Brunnen und die Keramikfigur, die dem „Taubenmutterl" Therese Schedlbauer gewidmet ist. Sie lebte von 1853 bis 1940 und war richtig berühmt für ihre Tierliebe. Ganz München kannte das alte hutzelige Weiblein, das überall Tauben fütterte.

Übrigens waren nicht alle Münchner so begeistert davon, denn die im Taubendreck enthaltene Säure greift Metall, Stein und Beton an. Das interessierte das alte Taubenmutterl natürlich nicht. Trotz ihrer Armut fütterte sie jeden Tag ihre geliebten Tauben. So wurde sie zu einem echten Münchner Original. Ihre 1,20 Meter hohe Figur aus Keramik steht auf einem Sockel, an dem rechts und links unten zwei Tauben sitzen.

Ich drehte mich zu Luca um. „Einen Löwen haben wir hier aber nicht gefunden.“
Luca grinste. „Stimmt, aber ein anderes wildes Tier könnte ich dir zeigen.“
„Wirklich? Wo soll das denn sein?“

Und Luca zog mich aus dem Ausgang Amirahof, ging erst links und dann rechts, bis wir vor dem Literaturhaus standen.

→ Literaturhaus

Ich weiß ja nicht, wie es Euch geht, aber ich finde es immer aufregend, wenn ich Dinge, die in Geschichten oder Büchern vorkommen, in der Wirklichkeit wiederfinde. Und wenn es sich dabei um einen echten, aufrechtstehenden sibirischen Braunbären handelt, werde ich ganz kribbelig. Genau das passierte, als mich Luca in das Literaturhaus zog und mit mir im Aufzug bis in den 3. Stock fuhr. Denn dort begegneten wir einem ausgestopften Bären, der in einem Roman des berühmten Schriftstellers Thomas Mann vorkommt. Dieser Roman heißt „Buddenbrooks“ und erschien im Jahr 1901, also vor über 100 Jahren. Trotzdem wird er auch heute noch von ganz vielen Menschen auf der Welt gelesen. Das Buch wurde in über 30 Sprachen übersetzt. Und darin kommt genau der Bär vor, den Ihr hier im Literaturhaus sehen könnt.

Im Roman von Thomas Mann steht der sibirische Bär in der Diele des Hauses der Kaufmannsfamilie Buddenbrook und hält – genau wie hier – einen silbernen Teller in seinen Tatzen. Darauf legen die Gäste und Besucher im Roman ihre Visitenkarten ab.

Tatsächlich war es so, dass der Bär der Familie von Thomas Mann gehörte. Er stand also auch in Wirklichkeit in einer großen Diele in einem Haus in München und die fünf Kinder des Schriftstellers erzählten einmal, dass Boten oder Handwerker erschraken, wenn sie das große ausgestopfte Tier das erste Mal sahen.

Im Literaturhaus geht es um Bücher und einen Bären.

Im Laufe der Zeit ist der Bär oft umgezogen und manchmal musste er repariert werden, wenn er besonders zerfleddert war. Als die Familie Mann schließlich vor dem Zweiten Weltkrieg in die Schweiz flüchten musste, wurde er zusammen mit anderen Möbeln versteigert und gelangte so in das Schaufenster eines Lederwarengeschäfts in der Sendlinger Straße. Dort stand er 40 Jahre und wartete auf seinen letzten Umzug. Schließlich wurde er von den Erben des Lederwarenhändlers als Dauerleihgabe an die Stadt München übergeben. In der Glasvitrine des Literaturhauses steht er nun gut geschützt. Jeder kann ihn zu den Öffnungszeiten sehen und erleben, wie Geschichten und Wirklichkeit manchmal miteinander verschmelzen.

Majestätisch ragt der „Dom zu Unserer Lieben Frau" in den Münchner Himmel.

→ Dom zu Unserer Lieben Frau (Frauenkirche, Frauendom)

Den Dom zu Unserer Lieben Frau oder Frauenkirche, wie viele Münchner sagen, könnt Ihr gar nicht verfehlen. Man kann ihn wirklich fast von jedem Punkt in der Stadt aus sehen. Ihr erkennt ihn an den beiden Türmen, die sich weit über die Dächer der Stadt erheben. Die „Hauben" auf den Türmen sehen doch ein bisschen aus wie Zwiebeln, findet Ihr nicht? Übrigens hat es lange gedauert, bis der Dom nach seiner Fertigstellung im Jahr 1488 endlich diese Zwiebelhauben bekam, da das Geld ausgegangen und der Baumeister, Jörg von Halspach, gestorben war. Erst 36 Jahre später bekamen die Türme endlich ihre Hauben. Aber die gefielen den Münchnern überhaupt nicht! Die wollten nämlich viel

lieber die spitzen gotischen Türme. Aber irgendwie haben sich doch alle daran gewöhnt und sie liebgewonnen. Heute sind genau diese beiden Türme ein Wahrzeichen von München, das man auf vielen Postkarten findet. In den 1950er Jahren haben die Münchner im Rahmen eines Radioaufrufs ihren Türmen sogar Namen gegeben: Der Südturm heißt „Stasi" und der Nordturm „Blasi". Beide sind fast 100 Meter hoch. Aber schaut einmal genau hin. Erkennt Ihr einen Unterschied? Manche behaupten, ein Turm wäre einen ganzen Meter höher als der andere. Aber das stimmt nicht. Der Nordturm, also Blasi, ist 98,57 Meter hoch und Stasi, der Südturm, ist 98,45 Meter hoch. Sie unterscheiden sich also nur um zwölf Zentimeter.

Hmm, ob der Fußabdruck wirklich vom Teufel stammt?

Der Dom sollte 20.000 Gläubigen Platz bieten. Wenn man bedenkt, dass zu seiner Entstehungszeit nur etwa 13.000 Bürger in München lebten, war das wirklich riesig. Man hätte damals also ganz München dort unterbringen können.

Luca stampfte mit den Füßen auf. „Aber jetzt will ich rein und diesen Teufelsstampf sehen."
„Du meinst den Teufelstritt?"
„Ja. Ich muss mir den nochmal genauer anschauen."

Ich erzähle Euch die Geschichte vom Teufelstritt lieber von Anfang an: Kaum war der Dom zu Unserer Lieben Frau fertiggestellt, erfuhr der Teufel davon und wurde ziemlich sauer. Es ärgerte ihn sehr, dass nun schon wieder eine

Kirche gebaut worden war. Der Teufel war nämlich der Meinung, es gäbe schon genug Kirchen und am besten sollte es gar keine einzige geben. Also schlich er sich zum Frauendom in München, um sich die Sache mal anzusehen. Vielleicht konnte man ja noch etwas dagegen unternehmen. Er betrat die Kirche und wie er so da stand und überlegte und in das große Kirchenschiff blickte, musste er plötzlich laut lachen. Denn von seinem Platz aus konnte er keine Fenster sehen. In diese Kirche, so dachte er, wird niemand zum Beten kommen, denn sie ist dunkel und hat kein einziges Fenster. Überglücklich sprang er in die Luft und als er wieder aufkam, hinterließ er seinen Fußabdruck mit dem Teufelssporn im Steinfußboden, den man jetzt „Teufelstritt" nennt. Als der Teufel seinen Irrtum später bemerkte, verwandelte er sich in einen kalten Wind, der noch heute um die alten Ziegelmauern des Münchner Doms weht. Doch davon lassen sich weder die Gläubigen, noch die Frauenkirche beeindrucken.

Das Erste, was einem auffällt, wenn man den Münchner Frauendom betritt, ist, dass er gar nicht dunkel, sondern sehr hell ist. Deshalb kann man sich gar nicht vorstellen, dass diese Geschichte mit dem Teufel wirklich stimmt. Luca und ich probierten dann die Stelle aus und tatsächlich sind alle Fenster von Säulen verdeckt, nur das Fenster gegenüber ist heute zu sehen, das war aber früher vermutlich hinter einem Altar versteckt. Da hatte der Teufel wirklich Pech gehabt. Dabei gibt es sogar viele und sehr schöne Fenster im Münchner Dom. Eines ist mir besonders aufgefallen, vielleicht, weil es so schlicht ist und eine Geschichte erzählt. Das Fenster, das ich meine, befindet sich direkt beim Eingang an der Nordseite. Es steckt eine wichtige Botschaft in diesem Fenster des Bildhauers Karl Knappe, der übrigens 50 Jahre mit der Mayer'schen Hofkunstanstalt zusammen-

arbeitete. „Die Engel Gottes als Wächter über die Erde und ihr Wachstum" heißt das Fenster und es zeigt zwei Engel umgeben von einem Viertelkreis. Da die Darstellung sehr modern ist, müsst Ihr es Euch vielleicht ein wenig länger und genauer anschauen, um die Engel zu erkennen. Einer trägt ein Schwert, der andere ein Schild. Und das, was aussieht wie ein Baum, ist ein Atompilz, der entsteht, wenn eine Atombombe explodiert. Die beiden Engel beschützen die Welt also vor der Atombombe, einer der schlimmsten Kriegswaffen, die die Menschheit jemals erfunden hat. Karl Knappe, der den Krieg selbst erlebt hatte, wollte mit seiner Fenstergestaltung etwas dagegenhalten. Hoffen wir, dass die Engel die Welt künftig davor schützen können.

Das Fenster in der Frauenkirche zeigt zwei Engel, die die Welt vor der Atombombe beschützen.

Aber auch die anderen Fenster, die oft biblische Themen zeigen, sind wunderschön. Fenster wie aus Edelsteinen, ein Netzgewölbe, das sich zu Sternen zusammenfügt, all das sollte an das himmlische Jerusalem erinnern, an die göttliche Stadt. Um diesen prachtvollen Münchner Dom zu bauen, war natürlich viel Geld und viel Baumaterial nötig. Material und Holz wurden auf Flößen nach München gebracht und auch die Baumstämme der Flöße selbst wurden für den Bau des riesigen Dachstuhls verwendet. Die Lehmziegel wurden in großen Mengen in der Nähe gebrannt.

Das Geld für den Bau kam unter anderem auch von Pilgern, die die Kirche besuchten und „Ablassbriefe“ kauften, um von ihren Sünden freigesprochen zu werden. 120.000 Menschen sollen den Bau des Doms bezahlt haben. Woher man diese Zahl so genau kennt? Es gab „Erbsenzähler“, die für jeden Besucher eine Erbse abzählten. Am Ende dauerte es nur 20 Jahre, bis der Bau (bis auf die Hauben) abgeschlossen war. Das war für die damalige Zeit und bei der Größe des Doms unglaublich schnell.

Im Dom zu Unserer Lieben Frau befinden sich sehr viele Kostbarkeiten. Vielleicht findet Ihr ja auch die beiden betenden Kinderfiguren aus Wachs, die schon früher sehr wertvoll waren. Denn für eine einzige Kerze musste ein Arbeiter mit seinem ganzen Wochenlohn bezahlen.

Ebenfalls sehr eindrucksvoll ist auch das Scheingrab des Kaisers Ludwig des Bayern. So ein Scheingrab nennt man auch „Kenotaph“. Es dient allein der Verehrung und Erinnerung. Tatsächlich wurde Ludwig der Bayer in der Krypta der Frauenkirche beigesetzt, zusammen mit anderen Mitgliedern des Wittelsbacher Adelsgeschlechts.

„Aber jetzt…“. Luca machte ein geheimnisvolles Gesicht und senkte seine Stimme verschwörerisch: „Jetzt wird es mal wieder Zeit für einen Löwen oder besser gesagt für eine Grube voller Löwen!“

→ Löwengrube und Ettstraße

Nur wenige Schritte sind es, um von der Frauenkirche zu dem Ort zu gelangen, den Luca so rätselhaft angekündigt hatte. Ihr müsst dafür nach Westen Richtung Augustinerstraße gehen. Dann kommt Ihr zur …

„…Löwengrube!“, sagte Luca triumphierend.

Wer jetzt aber glaubt, auf eine ehemalige Arena mit wilden Tieren zu treffen, täuscht sich. Mit echten Löwen hat der Name wenig zu tun, eher mal wieder mit der Münchner Biertradition.

Die Löwengrube heißt vermutlich nur deshalb so, weil dort im 17. Jahrhundert das Stammhaus der Löwenbrauerei stand. Und der Löwe im Namen der Brauerei stammt von einem Fresko (Wandbild), das das Haus zierte und die biblische Geschichte „Daniel in der Löwengrube“ zeigte.

„Da ist ein Löwe!“, triumphierte Luca. Er deutete auf das Straßenschild.
Ich schüttelte den Kopf. „Nein, Luca, das ist kein Löwe. Da ist der Löwe ja nur im Straßennamen. Das zählt nicht. Wir müssen einen anderen Löwen finden…“

Richtig berühmt – auch außerhalb von München – wurde die „Löwengrube“ übrigens durch eine Familien- und Kriminalserie in 32 Teilen aus den Jahren 1987 bis 1991. Die Serie trägt den Namen „Die Löwengrube“ und geht zurück auf ein Buch von Willy Purucker mit dem Titel „Die Grandauers und ihre Zeit“. Darin wird die Geschichte dreier Generationen von Polizeibeamten erzählt, die in der Polizeidirektion in der Löwengrube 1 arbeiteten. Übrigens befand sich dort auch in Wirklichkeit eine Polizeiinspektion.

Doch schon im Jahr 1913 brauchte die Königliche Polizeidirektion mehr Platz und bezog wenige Meter weiter, in der Ettstraße 2–4, ein Gebäude, das vorher ein Augustinerkloster war. An der Fassade dieses Präsidiums befanden sich Fresken des Malers Bruno Goldschmitt. Dort hatte er die sieben Todsünden Hochmut, Geiz, Wollust, Zorn, Völlerei, Neid und Trägheit aufgemalt.

Heute wird der gesamte Bereich des Polizeipräsidiums als „Löwengrube“ bezeichnet. Und tatsächlich findet man direkt am Eingangstor zum Präsidium auch endlich zwei Steinlöwen auf Pfeilern. Irgendwie habe ich das Gefühl, sie schauen auf die Menschen herab und brüllen vorsorglich ein bisschen rum. Vielleicht sollen sie den „bösen Buben“ auch ein wenig Furcht einflößen? Auf jeden Fall passen sie gut dahin in die Löwengrube!

Wer mehr über die Geschichte der Löwengrube und die Münchner Polizei wissen möchte, kann in der Ettstraße 2 im Polizeimuseum an einer Führung teilnehmen. Dafür muss man sich allerdings beim Polizeiverein „Münchner Blaulicht“ anmelden: www.muenchnerblaulicht.de

→ Jagd- und Fischereimuseum

Ebenfalls in unmittelbarer Nachbarschaft zur Frauenkirche befindet sich – lustigerweise mitten in der Innenstadt – das Jagd- und Fischereimuseum, dabei wird ja in Münchens City weder gejagt, noch gefischt. Aber die königliche Jagd hatte in München natürlich eine lange Tradition.

Den Eingang bewachen zwar ein Fisch und ein stattlicher Eber aus Bronze, aber Ihr könnt Euch ruhig hineintrauen. Das Gebäude ist ein altehrwürdiger Ort. Früher beherbergte es die Augustiner Klosterkirche. Heute gibt es darin fast 1.000 präparierte und ausgestopfte Tiere. An den Wänden sind Geweihe, aber auch Gemälde und Zeichnungen ausgestellt. Eben alles, was das Thema Jagd so hergibt. An Riechstationen könnt Ihr den erdigen Duft vom Wald einatmen und Ihr könnt einem Reh über das Fell streichen. Außerdem ist Luca gleich zweimal durch die Fuchshöhle gerobbt. Wie der Name schon sagt, gibt es hier auch Fische

Der Eber am Eingang begrüßt die Besucher.

zu sehen, trockengelegt versteht sich, was den Vorteil hat, dass sie nicht wegschwimmen können. Darunter sind auch einige, die schon ausgestorben sind.

Und dann sind da noch Wesen, die man nur in Bayern findet. Oder gibt es sie vielleicht gar nicht? Jedenfalls hat sie noch niemand in der freien Natur gesichtet, diese bayerischen Mischwesen, die unter dem Namen „Wolpertinger" bekannt sind. Sie können in unterschiedlichsten Formen auftreten: mit dem Körper eines Hasen, mit Entenflügeln und kleinen Geweihen oder mit Flossen. Wolpertinger setzen sich aus den verschiedensten Tieren zusammen. Tatsächlich sind einige dieser fantastischen Wesen im Jagd- und Fischereimuseum ausgestellt! Wurden sie von geschickten Jägern am Ende doch noch aufgestöbert? Ich habe gehört, man könne sie nur fangen, wenn man ihnen Salz auf den Schwanz streut. Andere Geschichten erzählen, man brauche eine Kerze, einen Spaten, einen Stock und einen Sack. Mit dem Stock hält man den Sack auf und stellt eine Kerze hinein. Schleicht sich dann ein Wolpertinger – von dem flackernden Kerzenschein angezogen – aus dem Dickicht des Waldes heran, heißt es Luft anhalten, um das fabelhafte Geschöpf in einem geeigneten Moment mit dem Spaten in den Sack zu treiben …

Oder entstammen die Wolpertinger doch nur der Fantasie und dem Geschäftssinn von Tierpräparatoren, die zusammensetzten, was sie gerade da hatten, und das dann an gutgläubige Kunden verkauften? Ich bin mir sicher, Ihr werdet eine Antwort darauf finden.

Entdecker-Tipps:

Der Tod des Musikers Michael Jackson am 25. Juni 2009 löste eine ungewöhnliche Aktion aus, deren Ergebnis Ihr bis heute sehen könnt. Dafür müsst Ihr zum Promenadeplatz gehen, den Ihr ganz einfach vom Marienhof aus zu Fuß erreichen könnt. Ihr folgt der Theatinerstraße bis zu der Stelle, an der die Trambahn um die Kurve fährt, biegt in die

Maffeistraße ein und gelangt nach wenigen Metern zum Promenadeplatz.
Dort, im Hotel Bayerischer Hof am Promenadeplatz 2-6, wohnte Michael Jackson gern, wenn er in München war. Schräg gegenüber von diesem Hotel steht das Denkmal eines bedeutenden Komponisten der Renaissance namens Orlando di Lasso. Und genau dieses Denkmal suchten sich die Michael-Jackson-Fans aus und machten es über Nacht zu ihrer Pilgerstätte. Sie beklebten den Sockel mit Bildern und Briefen, legten Blumen ab, stellten Kerzen auf. So entstand ein „spontanes Denkmal“ für Michael Jackson.

Das „spontane Denkmal“ für Michael Jackson

☺

In jedem Fall ein besonderes Erlebnis ist es, von einem Turm der Frauenkirche weit über die Stadt zu schauen. Im Südturm wurde dafür extra ein Fahrstuhl eingebaut. Leider sind die beiden Türme bis voraussichtlich 2016 geschlossen, weil dort Instandhaltungsarbeiten stattfinden.

Die Türme der Frauenkirche heißen „Stasi“ und „Blasi“.

☺

Vielleicht habt Ihr ja Lust, München einmal zu erfühlen? Auf dem Platz vor der Frauenkirche habt Ihr Gelegenheit dazu. Dort steht ein Bronzemodell des Künstlers Egbert

Broerken, der den Besuchern einen gefühlten Eindruck der Innenstadt verschaffen möchte. An dem maßstabsgerechten Modell (1:500) könnt Ihr Euch also an den Häusern und Straßen entlangtasten. Eigentlich ist das Modell natürlich vor allem für blinde Menschen gedacht, deshalb sind die Straßen und Gebäude mit Blindenschrift versehen.

☺

Wer an heißen Tagen eine Erfrischung sucht, lässt sich am Karlsplatz, den die Münchner übrigens nur „Stachus" nennen, von den kühlenden Wasserfontänen nass spritzen. Der Name Stachus hat mal wieder etwas mit der Münchner Bierkultur zu tun. Denn in der Nähe gab es im 18. Jahrhundert ein Wirtshaus, dessen Besitzer Mathias Eustachius Föderl hieß. Alle nannten ihn Eustachi und seine Wirtschaft hieß Stachus. Grund genug, den Platz, an dem die Wirtschaft lag, Stachus zu nennen.

Im Winter, so ab Ende November bis Mitte Januar, wird aus dem Stachus eine zauberhafte Eiswelt. Dann könnt Ihr auf einer großen Eisfläche unter freiem Himmel Schlittschuhlaufen. Wer keine Schlittschuhe hat, kann sich vor Ort welche ausleihen und los geht es aufs frische Eis. Rundherum duften Bratwürstchen und Punsch und für Eure Eltern gibt es Glühwein.

→ www.muenchnereiszauber.de

TOUR 5

Alter Hof

Krempeln Ritter ihre Hosenbeine hoch?

Marienhof → Alter Hof → Alte Münze → Hofbräuhaus

→ Marienhof

Wenn man heute auf dem großen Platz an der Rückseite des Neuen Rathauses steht, kann man sich kaum vorstellen, dass diese große Wiese einmal mittelalterlich bebaut war. Leider wurden die Häuser, wie große Teile von München, im Zweiten Weltkrieg zerstört. Man entschied sich, den Platz nicht mehr zu bebauen. Heute findet man an dieser Stelle eine große Wiese, auf der man sich – mitten in der Stadt – einfach mal ein paar Minuten ausruhen kann.

Luca hatte sich auf dem Rasen ausgestreckt.
„Weißt du, was hier drunter ist, Paula?“
„Nö.“
„Hier, direkt unter uns, sind Häuser aus dem 12. Jahrhundert!“
„Wirklich?“
„Ja, und weil hier irgendwann mit dem Bau einer zweiten S-Bahn-Stammstrecke begonnen werden soll, wurden vorher Ausgrabungen gemacht. Man wusste schon, das hier einiges verborgen ist.“
„Was die da wohl alles gefunden haben?“

Luca und ich haben später noch einmal genauer recherchiert und herausgefunden, dass bei den Ausgrabungen am Marienhof insgesamt 45.000 Einzelfunde sichergestellt wurden. Sie wurden gereinigt, verpackt und mit dem jeweiligen Fundort beschriftet. 194 Fundkisten sind gefüllt mit Keramik, Gläsern, Eisen, Tierknochen, Holz, Leder- und Stoffresten, Ziegelsteinen, Erdproben, Pollen, Samen, Obstkernen, verbranntem Papier, sogar einem Lastenaufzug und vielem mehr. Die Grabungsberichte füllen insgesamt 36 Aktenordner. Anhand der Aufzeichnungen und Funde

Der Marienhof ist eine grüne Oase mitten in der Stadt.

kann man sich vorstellen, wie die Menschen im 12. Jahrhundert in München gelebt haben. Das ist echt spannend.

Wenn Euch das Thema interessiert, findet Ihr auf der nachfolgenden Webseite auch Fotos von den Funden: www.2.stammstrecke-muenchen.de/das-projekt/archaeologie

→ Alter Hof

Um vom Marienhof aus (Blickrichtung Rückseite des Rathauses, links) zum Alten Hof zu gelangen, müsst Ihr durch den Durchgang neben dem Ladengeschäft „Manufaktum“ (neben dem Dallmayr) gehen und schon seid Ihr unterwegs auf Eurer Zeitreise auf den Spuren der Ritter in München. Luca hatte vorsichtshalber schon wieder sein unsichtbares Schwert gezückt.

„Zeig mir die Schurken, Paula. Wir treiben sie durch den…“ Er sah mich fragend an. „Ja, wohin eigentlich?“

„In den Hofgraben!“
Luca zuckte mit den Schultern. „Aber hier ist doch kein Graben.“
„Doch und jetzt kremple mal schön deine Hosenbeine hoch!“
„Was?“ Luca dachte wohl, ich spinne. Aber er tat, was ich von ihm verlangte, und auch ich schob meine Hosenbeine hoch. Dann nahm ich Luca bei der Hand und folgte der gepflasterten Straße links durch den Torbogen.

Ich verspreche Euch, auch Ihr erkennt den Burggraben sofort! Da geht es einen richtigen kleinen Berg runter und auf der anderen Seite wieder rauf. Genau an dieser Stelle verlief der Burggraben des Alten Hofs. Toll, dass man die Stelle heute noch finden kann, auch wenn dort heute kein Wasser mehr hindurchfließt, oder?

Doch nun drängte es uns an den Ort, den wir schon von unseren früheren Abenteuern her kannten und auf den wir uns sehr freuten. Wir wollten den Alten Hof, die Kaiserburg, besuchen. Seit 2004 ist dort im Erdgeschoss eine sehr umfangreiche Informationsstelle für alle bayerischen Museen untergebracht. Da findet Ihr jede Menge Broschüren und Informationen über die bayerischen Museen. Bestimmt entdeckt Ihr eines, das Ihr mit Euren Eltern besuchen könnt.

Anschließend müsst Ihr unbedingt die Stufen ins Kellergewölbe hinuntergehen. Dort gibt es eine sagenhafte Multimedia-Show über den letzten großen Ritter in München: Kaiser Ludwig den Bayern, der hier wirklich gelebt und regiert hat. Wenn man da unten ist, dann fühlt man sich richtig ritterlich. Und – ob Ihr es glaubt oder nicht – dort gibt es auch einen Löwen. Ihr könnt ihn zwar nicht sehen, aber hören! An den Wänden des alten Gewölbekellers sind Eisenringe angebracht. Wenn man sie bewegt, ertönen Geräusche des Mittelalters. Ihr könnt Schweine, Hühner, einen Schmied und einen brüllenden Löwen hören. Es gibt in der Kaiserburg wirklich sehr viel zu entdecken. Bestimmt findet Ihr auch die kleinen Schubladen, die man öffnen kann. Dort habe ich schon einmal einen winzig kleinen Ohrlöffel entdeckt, die Vorstufe zu unseren heutigen Wattestäbchen. Aber es gibt noch viele andere Geheimnisse: Uns geht zum Beispiel nicht aus dem Kopf, woher der Abdruck der Tierpfote stammt, der in einem Ziegelstein zu erkennen ist. Ob ihn ein kleiner Kater dort hinterlassen hat?

Und ich muss Euch hier natürlich unbedingt noch die Geschichte vom berühmten Affenturm erzählen: Zu der Zeit, als Ludwig der Bayer ein kleines Baby war, lebte ein Affe am Hof. Dieser Affe, der ganz gute Tischmanieren ge-

Den kleinen Erkerturm an der Fassade des Alten Hofs soll einmal ein Affe hinaufgeklettert sein.

habt haben soll, schnappte sich eines Tages den kleinen Ludwig und stieg mit ihm auf die Spitze des kleinen Erkerturms. Alle Untertanen versammelten sich im Hof und beteten für das arme Kind. Die Aufregung war groß und jeder Einzelne zitterte vor Angst, der Affe könne das Baby jeden Moment fallen lassen. Doch der Affe hielt das Bündel ganz fest und kletterte am Ende wieder hinunter, um den künftigen Kaiser sanft in sein Bettchen zu legen.

Das Besondere an dieser Geschichte verriet uns übrigens die Museumsleiterin des Alten Hofs: „Zu der Zeit, als Kaiser Ludwig ein Baby war, gab es noch gar keinen Turm an dieser Stelle! Die Geschichte kann also unmöglich wahr sein." So ist das mit den alten Sagen, sie sind spannend, aber nicht immer ist alles wahr.

Aber es gab am kaiserlichen Hof noch andere, sehr wichtige Tiere und wo die untergebracht waren, das schauen wir uns jetzt mal gegenüber an, und zwar in der Alten Münze.

„Hä? Was haben jetzt Münzen mit Pferden zu tun?"
„Warte ab Luca, ich verrate es dir gleich."

→ Alte Münze

Ursprünglich war die Alte Münze als Marstall (also Pferdestall) und Kunstkammer für den Alten Hof gebaut worden. Wenn Ihr den großen prächtigen Innenhof betretet, müsst Ihr sofort auf den Boden schauen. Die Steine unter Euren Füßen, das sind echte Isarkiesel! Es gab früher nämlich tatsächlich den Beruf des Steinklaubers, der die Steine an der Isar einsammelte, dann wurden sie hierhergebracht und für das Steinpflaster verwendet, auf dem die herrlichen Pferde des Herzogs Albrecht V. standen. Dieser Hof ist im Stil der Renaissance gebaut und etwas fällt hier

Früher war in der Alten Münze der königliche Pferdestall untergebracht.

besonders auf: Ihr müsst mal von unten nach oben schauen. Je weiter Ihr nach oben blickt, umso schöner und prächtiger sind die Säulen gearbeitet! Am schönsten sieht das oberste Stockwerk aus und das hatte einen guten Grund. Denn dort oben hatte der Herzog etwas ganz Besonderes eingerichtet: eine Kunst- und Wunderkammer! Dort sammelte er Schätze der damaligen Zeit. Es gab Instrumente und Sonnenuhren, Gemälde, Stadtmodelle, aber auch witzige Sachen wie Kokosnüsse. Die konnte man ja damals noch nicht an jedem Obststand kaufen. Der Herzog hatte auch Porzellan aus der ganzen Welt gesammelt. Über 6.000 Objekte hatte Herzog Albrecht V. zusammengetragen.

Später, ab 1809, befand sich in dem Hof das Hauptmünzamt von München, daher stammt der heutige Name „Alte Münze“. Hier wurden also die Münzen geprägt. An der Außenfassade kann man das noch ablesen,

dort steht „MONETA REGIA". Die Münchner übersetzten das sehr frei mit „hier regieren die Moneten", tatsächlich bedeutet es „Königliche Münze".

Seit 1986 befindet sich in dem Gebäude ein sehr wichtiges Amt: das Bayerische Landesamt für Denkmalpflege. Dieses Amt sorgt dafür, dass alte Gebäude nicht einfach abgerissen, sondern gepflegt bzw. für die Nachwelt erhalten bleiben. Von Juli bis August finden im Renaissancehof (also da, wo früher die Pferde standen) Freilichtaufführungen der Bayerischen Theaterakademie statt.

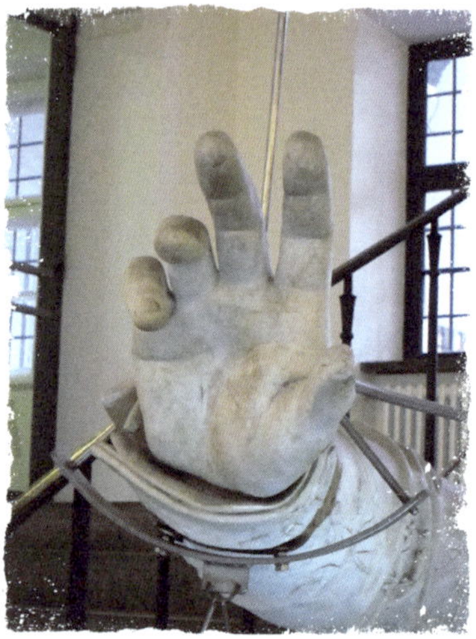

Die große Hand von König Max I. Joseph findet Ihr im Treppenhaus der Alten Münze.

Übrigens, wenn Ihr mal eine richtig große Hand sehen wollt, dann schlüpft doch noch schnell durch die Tür. Im Treppenhaus der Alten Münze wurden Teile des Gussmodells einer Statue von König Max I. Joseph aufgebaut. Es sind nicht alle Körperteile vorhanden, aber an der Hand könnt Ihr sehen, wie groß das Original ist. Das steht übrigens auf dem Max-Joseph-Platz am Nationaltheater und wirkt dort eigentlich gar nicht so groß.

→ Hofbräuhaus

Jetzt wundert Ihr Euch bestimmt, warum ich Euch das Hofbräuhaus am Platzl vorstelle, einen Ort für Erwachsene, an dem vor allem viel Bier getrunken wird … Das Bierbrauen in München hat eine lange Geschichte. Im Mittelalter brauten vor allem die Klöster ihr eigenes Bier. Die älteste, noch existierende Münchner Brauerei – Augustiner – stammt aus dem Jahr 1328. Der bayerische Herzog Wilhelm IV. unterzeichnete am 23. April 1516 das Reinheitsgebot, das nur bestimmte Inhaltsstoffe zuließ: Hopfen, Malz (also geröstete Gerste) und Wasser. Nach diesen Vorgaben wird das Bier bis heute noch gebraut. Das Bier hat also in München eine lange Tradition und viele Besucher kommen wegen der Biergärten nach München. Die Brauereien sind also wichtiger Bestandteil der Stadtgeschichte. Luca und ich haben im Hofbräuhaus auch etwas Interessantes entdeckt: Erst müsst Ihr Euch ein bisschen in der großen Bierhalle orientieren, die von manchen auch „Schwemme“ genannt wird, weil hier manchmal das Bier literweise so herum „geschwemmt“ wird. Aber es gibt auch Genießer unter den Biertrinkern und die nehmen das sehr ernst. Sie kommen zu ihrem Stammtisch mit einem richtigen „Biergwand“. Doch bevor sie sich hinsetzen, halten sie sich an ein wichtiges Ritual: Sie gehen in die Ecke des Hofbräuhauses

Das Hofbräuhaus am Platzl wird von Touristen aus aller Welt besucht.

zu einem eisernen Ring, hinter dem sie ihre persönlichen(!), mit Vorhängeschlössern gesicherten Bierkrüge aufbewahren. Es handelt sich dabei um ganz besondere Krüge, nämlich Tonkrüge, die man auch „Keferloher" nennt. Diese Keferloher Tonkrüge haben die Eigenschaft, dass in ihnen das Bier besonders lange frisch bleibt. Sie haben auch einen Deckel, damit nichts reinfallen kann. Die Bierfreunde holen sich also ihren persönlichen Krug, der nicht selten ein Wappen oder ein Bild von König Ludwig II. auf dem Deckel trägt, und schwenken ihn in einem extra dafür vorgesehenen Kupferbecken mit kaltem Wasser. So wird der Krug schön kühl und das Bier darin bleibt es auch. Natürlich kann nicht jeder ein solches „Bierschließfach" mieten, aber wer eines hat, der ist sicher sehr stolz drauf.

Manche Bierkrüge im Hofbräuhaus müssen hinter Schloss und Riegel.

Entdecker-Tipps:

Ganz in der Nähe des Marienhofs findet Ihr eines der bekanntesten Delikatessgeschäfte in München. Der „Dallmayr" in München wurde im Jahr 1900 zum Hoflieferanten und durfte den bayerischen Königshof beliefern. Schaut Euch doch die 14 Abteilungen einmal an. Es ist ein bisschen wie im Schlaraffenland. Es gibt einfach alles – im 1. Stock auch ein Café mit roten Plüschbänken.

Beim Dallmayr gibt es viel Leckeres.

→ www.dallmayr.de

☺

Die herzogliche Pfistermühle aus dem Jahr 1573 beherbergt heute ein Restaurant der gehobenen bayerischen Küche. In dem liebevoll restaurierten Gewölbe der ehemaligen Mühle kann man das höfische Leben nachfühlen und fein essen.

→ www.pfistermuehle.de

☺

Die „Hofbräuhaus-Kunstmühle" ist eine echte Mühle, in der heute noch Mehl gemalen wird. In dem dazugehörigen Mehlladen kann man das frische Mehl, Körner, Brotmischungen oder Backzutaten kaufen. Außerdem findet jeden Freitag um 16 Uhr eine Führung statt (ohne Anmeldung!). Dort kann man den Weg des Korns durch die Mühle nachverfolgen, bis es schließlich zu Mehl wird. Die Führung dauert ca. eine Stunde.

→ www.hb-kunstmuehle.de

☺

Unweit des Alten Hofs findet man das „Platzl“ und damit gleich mehrere kulinarische Möglichkeiten. Nicht nur das weltberühmte „Hofbräuhaus“ hat hier seinen Platz, auch der Starkoch Alfons Schuhbeck hat hier ein Zuhause gefunden. Besonders spannend ist „Schuhbecks Gewürzladen“. Da riecht es wie auf einem orientalischen Gewürzbasar. Allein für die vielen verschiedenen Salze lohnt sich ein Besuch. Die haben so tolle Namen wie „Seerose aus Senegal“, „Quellwassersalz aus Portugal“, „Himalayasalz“ und sogar rabenschwarzes „Hawaiianisches Black Lava Salz“. Unbedingt probieren!

→ www.schuhbeck.de/geschaefte/gewuerzlaeden/muenchen

TOUR 6

Residenz

Tragen Glückslöwen Hufschuhe?

Feldherrnhalle → Löwen vor der Residenz → Höfe der Residenz → Residenzmuseum → Nationaltheater → Marstallplatz → Allerheiligen-Hofkirche → Theatinerkirche

→ Feldherrnhalle

Es war klar, dass bei dieser Station vor allem meinem Freund Luca ganz warm ums Herz wurde. Denn wenn Ihr den Odeonsplatz bequem mit der U3, U4, U5 oder U6 erreicht habt, wird es richtig italienisch. Dann steht Ihr nämlich schon fast direkt vor der eindrucksvollen Feldherrnhalle, die in der Zeit zwischen 1841 bis 1844 erbaut wurde. Ihr „Zwilling“ ist in Florenz zu finden. König Ludwig I. hatte sich dort von der „Loggia dei Lanzi“ beeindrucken lassen und wollte ebenfalls eine offene Arkadenhalle für „sein München“ haben. Mit der Feldherrnhalle setzte er der bayerischen Armee und den Feldherren ein unübersehbares Denkmal. Die riesigen Standbilder aus Bronze stellen Graf Tilly und Fürst Wrede dar, die beide im bayerischen Militär eine wichtige Rolle spielten. Sie wurden von Ferdinand von Miller aus erbeuteten Kanonen gegossen. Auch das Armeedenkmal an der Rückwand der Feldherrnhalle, das den Gefallenen im deutsch-französischen Krieg gewidmet ist, wurde von ihm hergestellt. Es zeigt einen Feldherrn, die bayerische Bavaria mit Palmzweig und … hurra, wieder einen Löwen!

Noch zwei Löwen, die man eigentlich gar nicht übersehen kann, stehen an der Treppe. Die beiden mächtigen Statuen bestehen aus italienischem Marmor und wurden im Jahr 1906 aufgestellt.

Jetzt hob Luca die Hand: „Ich weiß, dass das gar nicht zwei bayerische Löwen sind!“
„Woher willst du das wissen?“
Lucas Grinsen reichte von München bis nach Rom: „Weil einer das Maul offen hat und der andere nicht. Deshalb ist der mit dem offenen Maul der preußische Löwe, weil die aus Norddeutschland immer so viel reden…!“

Dieser majestätische Löwe an der Feldherrnhalle hält die Klappe.

Luca spricht hier von einer Geschichte, die man sich wirklich in München erzählt. Aber es gibt noch eine andere Erklärung: Der Löwe mit dem offenen Maul blickt Richtung Residenz, der andere zur Theatinerkirche. Denn früher galt: Gegen das Königshaus oder die bayerische Regierung darf man schimpfen, aber nicht gegen die katholische Kirche. Hier muss also sogar der mächtige Löwe die Klappe halten!

Manchmal wird es aber auch richtig schön laut auf dem Odeonsplatz und das gefällt sicher auch den Löwen. Seit dem Jahr 2000 finden jährlich im Juli zwei Klassikkonzerte vor der Feldherrnhalle statt. Dann werden in 152 Reihen insgesamt 8.000 Stühle aufgestellt und 16.000 Ohren können ein ganz besonderes Konzert an einem ganz besonderen Ort erleben. Und damit auch alle etwas hören, werden 96 Mikrofone, 88 Lautsprecher und 62 Verstärker eingesetzt.

„Da hört auch das Mäuschen im U-Bahn-Schacht noch mit“, sagte Luca.

Mein Freund war inzwischen die Treppen zwischen den beiden Löwen hinaufgestiegen und zeigte in die Ferne, die prächtige Ludwigstraße entlang.

„Ich sehe aber noch mehr Löwen, Paula!“

Und tatsächlich, jetzt sah ich es auch – das prächtige Siegestor am Ende der Ludwigstraße. Oben auf dem Tor findet man eine Quadriga, also ein Viergespann: Den Wagen lenkt die Bavaria und gezogen wird sie von vier Löwen – und genau die hatte Luca erspäht.

Es war Ludwig I. sehr wichtig, sein Heer zu ehren. Der Blick von der Feldherrnhalle hin zum Siegestor lässt uns heute noch die Prachtstraße erkennen, die er dabei im Sinn hatte. Auch für das Siegestor ließ er sich 1840 vom Architekten Friedrich von Gärtner die Pläne fertigen. Ludwig I. hatte wohl den Konstantinbogen in Rom vor Augen, als er seine Wünsche äußerte. Auf der Nordseite des Siegestors ist zu lesen: „Dem bayerischen Heere“. Die Südseite dagegen erinnert an die schlimme Zeit des Zweiten Weltkriegs, als München fast komplett zerstört wurde. Auch das Siegestor wurde schwer beschädigt und dann viel schlichter wieder aufgebaut. Es soll dadurch symbolisch an den Krieg erinnern, der nur Leid und Zerstörung bringt, und zeigen, wie wichtig Frieden ist. Genau das besagt auch die Inschrift auf der Südseite: „Dem Sieg geweiht, im Krieg zerstört, zum Frieden mahnend“. Direkt hinter dem Siegestor beginnt die bekannte Münchner Leopoldstraße, auf der man flanieren und in einem der vielen Cafés sitzen kann.

Doch Luca hatte wohl das Löwenfieber gepackt, denn schon nahm er meine Hand und zog mich mit leuchtenden Augen und unter Löwengebrüll weiter.

„Komm Paula, und jetzt suchen wir das Glück!“

Was er damit wohl wieder meint?

→ Löwen vor der Residenz

Es gibt Löwen in München, die fast jeder kennt! Das sind zum einen die Münchner Löwen, also der Fußballverein TSV 1860, und zum anderen sind es wohl die vier Löwen vor der Residenz, die über die Grenzen der Stadt hinaus Berühmtheit erlangt haben. Ihr findet sie, wenn Ihr vor der Feldherrnhalle steht, gleich links in der Residenzstraße.

Nicht vergessen, den Löwen das Mäulchen zu streicheln. Das bringt Glück!

Im Hofgarten der Residenz gibt es einen Diana-Tempel.

Seit vier Jahrhunderten bewachen die Bronzelöwen den Eingang der Residenz an der Westfassade. Glückssucher wie Luca und ich finden hier was sie suchen: Glück und eine tolle Geschichte. Richtig berühmt wurden die Löwen nämlich durch eine Geschichte, die man sich bis heute erzählt: Ein frecher Student soll einst die heimliche Liebe von König Ludwig I. von Bayern mit der irischen Tänzerin Lola Montez aufgeschrieben und an die Fassade der Residenz geheftet haben. Als der König das hörte, setzte er eine Belohnung aus, um den unverschämten Verfasser der Nachricht zu finden. Heute weiß niemand mehr, ob der Student gefasst wurde, oder sich vielleicht sogar freiwillig stellte. Irgendwie gelang es ihm aber offenbar, Ludwig I. zu erweichen. Bekannt ist nur, dass der Student begnadigt wurde und am Ende sogar die ausgesetzte Belohnung bekam. Mit so viel Glück hatte der junge Mann natürlich nicht gerechnet… Vielleicht musste der König am Ende sogar über den Streich lachen?

Es gibt verschiedene Versionen darüber, ob der Student vorher oder nachher eine der Löwenfratzen (auch „Maskeron“ genannt) auf den Schilden der mächtigen Bronzelöwen streichelte. Aber die Meinung, dass ihm das Streicheln irgendwie Glück gebracht hatte, hält sich bis heute. Deshalb können viele Münchner und Touristen nicht an den Löwenfratzen auf Schilden vorbeigehen, ohne wenigstens einmal kurz darüber zu streicheln.

„Da kannst du streicheln, wie du willst, Luca. Das bringt heute nichts mehr!“

Denn die vier Löwen, die seit Anfang 2014 auf den Sockeln vor der Residenz stehen, sind nicht mehr die 500 Kilogramm schweren Originale, sondern originalgetreue Kopien aus Bronze. Es kostete rund 112.000 Euro und dauerte zwölf Monate, diese Repliken herzustellen. Die echten Löwen werden übrigens restauriert und 2015/16 in den neuen Museumsräumen der Residenz zusammen mit anderen Bronzen ausgestellt. Anfassen darf sie dort natürlich niemand mehr, aber nach 400 Jahren Streichelei haben sie etwas Ruhe verdient, oder?

„Das macht gar nichts“, sagte Luca, der wie immer einen Ausweg wusste: „Das Glück ist längst in die neuen Löwen geflossen und ist jetzt wieder frisch!“

Also, ich glaube meinem schlauen Freund und werde demnächst mal wieder zum Streicheln gehen …

Übrigens, was die Wenigsten wissen, ist, dass die Löwen ursprünglich gar nicht für die Residenz gedacht waren. Denn eigentlich wurden sie geschaffen, um damit das Grabmal von Herzog Wilhelm V. zu schmücken. Doch dem ging das Geld aus und er trat zurück. Sein sparsamer Sohn

Maximilian I. hatte schließlich die Idee, wie man die majestätischen Brüller noch nutzen könnte, und ließ sie 1616 an der Fassade der Residenz aufstellen. Die Wappenschilde, die die Löwen mit ihren mächtigen Pranken halten, sollten eigentlich die Ahnenreihe der Wittelsbacher zeigen. Sie wurden ausgetauscht und stehen nun für die herrschaftlichen Tugenden Weisheit, Gerechtigkeit, Tapferkeit und Mäßigkeit.

→ Höfe der Residenz

Wenn Ihr das prunkvolle Leben der bayerischen Herzöge, Kurfürsten und Könige wirklich nacherleben wollt, seid Ihr in der Münchner Residenz genau richtig. Denn von 1508 bis 1918 war hier der Wohn- und Regierungssitz verschiedener Herrscher, und die haben es sich – wie das damals üblich war – sehr schön gemacht. Davon könnt Ihr Euch bereits in den Residenzhöfen ein Bild machen.

Im ältesten der zehn Höfe, dem Grottenhof, wartet ein Tropfsteinbrunnen samt dem griechischen Helden Perseus auf Euch. Erschreckt Euch nicht zu sehr, wenn Ihr den abgetrennten Frauenkopf in seiner linken Hand seht, denn es handelt sich um die grausame Medusa, der statt Haaren Schlangen auf dem Kopf wachsen. Ihr Blick verwandelte alle zu Stein. Durch die Steinfiguren rundherum hat man tatsächlich das Gefühl, Medusa habe hier ihren bösen Zauber getrieben. Auf diese Weise wurden die Sagen der Antike wieder lebendig gemacht.

Der Sage nach gelang es eines Tages dem Helden Perseus, die Medusa mithilfe des fliegenden Götterboten Merkur (griechisch Hermes) zu besiegen. Das Wasser, das aus dem abgetrennten Kopf und Hals der Medusa in eine Schale tropft, soll ihr Blut darstellen, aus dem beim Auftreffen Korallenästchen entstanden. Diese Korallen findet Ihr dann auch wieder in dem Brunnen, der sich aus Figuren, Muscheln und Tuffstein zusammensetzt. Im 16. Jahrhundert war der Anblick des Brunnens aber noch viel prachtvoller. Damals konnte man farbige Muscheln, Perlmutt, rote Korallen, Schwämme und Kristalle bewundern. Der Grottenhof kann allerdings nur von innen, also im Rahmen des Residenzrundgangs besichtigt werden.

Von außen zugänglich (über das rechte Portal mit den „Glücks-Löwen") ist dafür der schmale Kapellenhof, durch den früher die herrschaftlichen Kutschen einfuhren. Die Kutschen ratterten weiter in den Brunnenhof, in dem auch Ritterturniere stattfanden. Die Bronzestatue im Wittelsbacherbrunnen inmitten des Hofs zeigt Herzog Otto I. Heute finden hier übrigens von Ende Juni bis Ende August Konzerte, Opern und Shows statt.

Von dort aus geht es über einen Durchgang zum Apothekerhof (mit Eingang zum Cuvilliés-Theater). Wie der Name schon sagt, war hier früher die Hofapotheke untergebracht.

Anschließend öffnet sich noch größer der Kaiserhof, den Herzog Maximilian I. von 1612 bis 1618 errichten ließ. Über die Kaisertreppe ging es praktischerweise direkt in den ersten Stock in den Kaisersaal. Der Kaiserhof wurde seinerzeit allerdings nur für ganz besondere Anlässe geöffnet. Das normale Volk hatte keinen Zutritt.

Manchmal verraten die Namen der Höfe schon viel über ihren Zweck. Im Puderhöfchen wurden die in der Zeit des Rokoko modernen Perücken weiß gepudert und der Küchenhof führte zu den Küchenräumen im Erdgeschoss des Königsbaus. Später, nach dem Zweiten Weltkrieg und den damit verbundenen Zerstörungen der Residenz, wurde in der ehemaligen Küche die Schatzkammer eingerichtet.

Es fehlen noch der Königsbauhof, der an den Wohnpalast von Ludwig I. angrenzte und den König auf ein paar Schritte ins Grüne einlud, und ein ganz kleiner Zierhof, der den Namen Comité-Hof trug. Heute heißt er „Comité-Cuvilliés“, hat ein Glasdach und bietet den Besuchern des Cuvilliés-Theaters in den Pausen ein wenig Auslauf.

Der letzte der zehn Residenzhöfe ist der Kabinettsgarten und den kennen noch nicht einmal alle Münchner. Er befindet sich an der östlichen Seite der Residenz und ist einen Entdecker-Tipp wert.

Leider nicht mehr vorhanden ist der legendäre Wintergarten, den König Ludwig II. (auch „Märchenkönig“ genannt) 1869 auf das Dach seiner Residenz bauen ließ. 70 Meter lang soll er gewesen sein. Unter einem fast zehn Meter hohen gewölbten und von einer Eisenkonstruktion getragenen Glasdach blühte ein richtiger Dschungel, in dem es sogar einen künstlichen See und einen Wasserfall gab. Inmitten von Palmen, Lianen, bunten Orchideen, Kakteen, Bambus und einem indischen Fürstenzelt mit Elefantenthron und Löwenfell konnte König Ludwig II. alles um sich herum vergessen – manchmal ließ er sich auch in einem Schwanenboot über den See treiben.

Und er hatte hier sogar lebende Tiere versammelt. Es gab Schwäne, Goldfische, Pfauen und Papageien. Einer der Vögel sagte sogar sehr höflich „Guten Abend“. Wenn es nach dem Willen des Königs gegangen wäre, hätte er auch gern noch Gazellen und einen Elefanten auf das Dach der Residenz geholt. Seine Berater rieten ihm jedoch ab. Deshalb hätte es dem König bestimmt gefallen, wenn er gewusst hätte, dass 2011, in seinem Gedenkjahr, ein kleiner Elefant im Tierpark Hellabrunn in München geboren wurde, der den Namen Ludwig erhielt …

Leider musste die Konstruktion 1897 vom Prinzregenten Luitpold abgebaut werden. Es tropfte schon durch die Decken der Gemächer und den Dienern auf die Nasen … Wie schön der Wintergarten einst war, kann man heute nur noch auf Fotos sehen, die immer wieder in Ausstellungen gezeigt werden.

→ Residenzmuseum

Seit 1920 ist die ehemalige Residenz der Wittelsbacher als Museum für Besucher zugänglich. Nach dem Zweiten Weltkrieg, in dem auch sie schwer zerstört wurde, hat man sie wieder aufgebaut und die kunstvollen Einrichtungsgegenstände möglichst wieder an ihrem ursprünglichen Ort aufgestellt. Deshalb könnt Ihr heute einen Rundgang durch Festsäle, Kapellen, Wohn- und Audienzzimmer machen. Wer in den prächtigen Räumen gelebt und gearbeitet hat, zeigt die vergoldete Wandvertäfelung in der Ahnengalerie, in die über 100 Porträts der Bewohner eingelassen sind. Im Porzellankabinett findet man goldene Tellerchen, Prunkgefäße und viel wertvolles Geschirr passend für jeden Anlass. Auch wenn Ihr mal einen gaaaaaaanz langen Raum sehen wollt, dann …

„… müsst Ihr nur das Aquarium der Residenz besuchen.“
„Luca, da hast du aber was ganz falsch verstanden! Es ist nicht das ‚Aquarium‘, sondern das ‚Antiquarium‘.“

Das Antiquarium ist der älteste Raum der Münchner Residenz. Stellt Euch vor, er ist 66 Meter lang! Herzog Albrecht V. ließ ihn für seine Sammlung von antiken Skulpturen errichten. Das Wort Antiquarium kommt aus dem Lateinischen und bedeutet „das Altertum betreffend“.

Das Antiquarium in der Münchner Residenz ist 66 Meter lang!

Wenn Ihr mehr darüber wissen wollt, findet Ihr auf der nachfolgend genannten Webseite vier Hörspiele, die die BR-Journalistin Angelika Schmaus mit einigen Jugendlichen produziert hat. Die Texte wurden von den Schülern und Schülerinnen selbst gesprochen. Noch spannender ist es natürlich, sich die Geschichten vor Ort mit dem Audioguide anzuhören. Aber Ihr könnt Euch ja vorher schon mal zu Hause am Computer in die richtige Stimmung bringen: www.residenz-muenchen.de.

Die haben es sich richtig gut gehen lassen, die Wittelsbacher damals. Deshalb gibt es natürlich noch viele weitere Räume zu besichtigen: Kaisersaal, Kurfürstenzimmer, Nibelungensäle, Päpstliches Zimmer, Hofkapelle, Reiche Kapelle, Reiche Zimmer, Schwarzer Saal, Steinzimmer und das Trierzimmer. Und wenn Ihr im Thronsaal des Königsbaus den Thron des Königs betrachten könnt, dann denkt daran, dass das eigentlich nicht möglich sein dürfte. Denn normalerweise muss der Thron, wenn der Herrscher nicht anwesend ist, zur Wand gedreht werden. Allerdings haben sich so viele Besucher darüber beklagt, dass man ihn jetzt offen stehen lässt.

Und in der Schatzkammer könnt Ihr dann auch wertvolle Königskronen, darunter die Bayerische Königskrone, oder ein goldenes Pferd samt Ritter St. Georg, das mit Perlen, Rubinen, Smaragden, Opalen und anderen Edelsteinen besetzt ist, bewundern.

Übrigens bietet die Bayerische Schlösserverwaltung – vor allem im Sommer – auch Führungen für Kinder in der Münchner Residenz an. Das Programm findet Ihr hier: www.schloesser.bayern.de

→ Nationaltheater

Das Münchner Nationaltheater befindet sich am Max-Joseph-Platz direkt neben der Residenz. Dort finden Aufführungen der Bayerischen Staatsoper und des Bayerischen Staatsballetts statt.

Ein Theater für alle sollte es sein. Ein Theater, das groß genug ist, um einem großen Publikum Plätze zu bieten. Diesen Wunsch seiner Münchner Bürger wollte König Maximilian I. Joseph 1810 erfüllen, als er den Architekten Karl von Fischer beauftragte, das Königliche Hof- und Nationaltheater zu planen. Und wieder gab es ein Vorbild für den griechisch anmutenden tempelartigen Bau. Es ist das Théâtre National de l'Odéon in Paris. Sieben Jahre sollte es dauern, bis das Nationaltheater fertiggestellt war. Heute arbeiten bis zu 1.000 Menschen im Nationaltheater dafür, dass die Konzertgäste eine unvergessliche Aufführung erleben: Bühnenhandwerker, Beleuchter, Requisiteure, Dekorateure, Elektromeister, Maler, Schlosser, Raumausstatter, Rüstmeister, Schneider, Garderobenmeister, Maskenbildner und noch viele mehr. Da gibt es zum Beispiel auch zwei Schuhmachermeister, die im Giebel des Gebäudes ihre Werkstatt haben.

„HA! Das ist ja lustig. Die, die eigentlich ganz unten für den Fuß der Darsteller arbeiten, sind im Haus ganz oben.“ Luca tanzte wild herum. „Ach wie gut, dass niemand weiß, dass ich Schuhmachermeister heiß’…“

Ja, und diese Schuhmacher hüten einen richtigen Schuhschatz. 5.000 Paar können das schon sein, die dort auf ihren Einsatz warten. Die Schuhe für die Solisten werden in aufwendiger Handarbeit selbst hergestellt. Das sind ja oft auch ganz besondere Stücke, die es in keinem Geschäft zu kaufen gibt.

„Genau! Zum Beispiel ‚Hufschuhe‘“, rief Luca, der immer noch tanzte.
„Oder Tanzstiefel für das Ballett!“
Wie vom Blitz getroffen blieb Luca stehen.
„Also Ballett tanze ich aber nicht.“
„Du musst ja nicht selbst tanzen, du kannst dir die Tänze ja auch einfach nur ansehen.“

Stimmt, und zum Sehen und Hören gibt es genug! Bis zu 40 verschiedene Opern und 18 Ballettaufführungen stehen pro Spielplan auf dem Programm. Die Bühne im Nationaltheater gehört zu den größten auf der Welt. Sie hat eine Bühnenfläche von 2.300 Quadratmeter. Das entspricht etwa drei Fußballfeldern. Und unter der Bühne geht es neun Meter in die Tiefe, da kann man die Darsteller – je nach Stück – auch mal eindrucksvoll vor den Augen der Zuschauer „versinken“ lassen. Ebenfalls sehr beeindruckend ist übrigens auch der große Lüster im Zuschauerraum. Er wiegt 3.600 Kilogramm, also so viel wie ein Elefant! Er ist sieben Meter

Erinnert Ihr Euch an die Hand von König Max I. Joseph im Treppenhaus der Alten Münze? Vor dem Nationaltheater steht das komplette Standbild.

hoch und besteht aus 70.000 Einzelteilen, die mit 192 Kugelbirnen zum Leuchten gebracht werden. Zum Saubermachen wird er bis auf den Parkettboden heruntergelassen.

Wer sich für die Vorstellungen im Nationaltheater interessiert, kann sich für einen Vorbereitungsworkshop anmelden. Dort könnt Ihr die Sänger und Künstler persönlich kennenlernen, Fragen stellen und auch selbst singen und Szenen ausprobieren.

Übrigens gibt es genau zweitausendundeinen Sitzplätze im Nationaltheater.

Ein ganz heißer Tipp ist die Webseite für Kinder vom Maestro Margarini! Da könnt Ihr das Nationaltheater kennenlernen und einige Spiele spielen: www.bayerische.staatsoper.de/data/kinder_flash/index.html

Das Bühnenfenster von Ólafur Elíasson ist einfach toll!

→ Marstallplatz

Geht man um das Nationaltheater herum, gelangt man zum Marstallplatz. Vor allem der Marstall, in dem sich früher die königliche Hofreitschule befand, fällt Euch sicher sofort auf. Erkennen kann man ihn an den acht runden Bronzereliefs mit Pferdeköpfen. Im Marstall soll sich eine lustige Geschichte mit König Ludwig II. zugetragen haben: Er hatte nämlich schon lange den Wunsch, einmal nach Innsbruck zu reiten. Da es sich nie ergeben hat, ritt er die Strecke einfach in seiner Hofreitschule ab. Der treue Diener, der ihn begleitete, bekam am Ende zum Dank eine goldene Uhr.

Ebenso auffällig, wenn auch ganz modern, ist das Probengebäude der Staatsoper. Das ist dieser große Glasbau, in dem sich der altehrwürdige Marstall spiegelt. Und noch etwas spiegelt sich in der großen Glasfassade: der Himmel, der Platz und Ihr selbst! Wenn Ihr nämlich in diesen riesigen Fassadenspiegel hineinschaut, habt Ihr das Gefühl, selbst auf einer großen Bühne zu stehen. Die Idee für diese Installation

Der Kabinettsgarten hinter der Mauer der Allerheiligen-Hofkirche ist ein Ort der Ruhe.

hatte jemand, den wir an anderer Stelle schon kennengelernt haben. Ólafur Elíasson, der isländische Künstler, der schon für die Sphere-Kugel in den Fünf Höfen verantwortlich war, schuf dieses „Bühnenfenster", in dem Ihr Euch bewundern könnt.

→ Allerheiligen-Hofkirche

In direkter Nachbarschaft zum Marstallplatz (Ihr könnt einfach gegenüber durch die Einfahrten/Torbögen hindurchgehen) befindet sich die Allerheiligen-Hofkirche und direkt daneben, versteckt hinter einer unscheinbaren Tür, der Kabinettsgarten. Es wird erzählt, dass Kronprinz Ludwig von Bayern 1823 in Palermo (Italien) in einer normannisch-byzantinischen Palastkapelle eine Christmette besucht hatte und so beeindruckt war, dass er – wie kann es anders sein – sagte: „Solch eine Schlosskapelle will ich haben!" Er beauftragte den Architekten Leo von Klenze mit den Plänen und ließ sie in der Zeit von 1826 bis 1837 bauen.

Heute ist sie schon deshalb mehr als einen Blick wert, weil sie zeigt, dass uns der Zweite Weltkrieg immer noch beschäftigt. Einst sehr prächtig mit bunten Malereien auf Goldgrund, einem ebenfalls farbigen Marmorfußboden und roten Marmorsäulen konnte sie von König Ludwig I. direkt von der Residenz aus betreten werden. Die Kirche wurde im Zweiten Weltkrieg fast ganz zerstört. Als man in den 1970er Jahren damit begann, sie wieder aufzubauen, entschied man sich, sie nicht in ihrer alten Pracht wieder auferstehen zu lassen. Man wollte die Kriegsschäden sichtbar lassen, die schlimmen Folgen von Kriegen nicht verstecken und so ist die Allerheiligen-Hofkirche bis heute auch eine sichtbare Mahnung zum Frieden. Heute wird die Allerheiligen-Hofkirche vor allem als Veranstaltungsort für klassische Konzerte genutzt. Das ist ein echtes Erlebnis an einem Ort, der eine lange Geschichte hat.

→ Theatinerkirche

Durch den Hofgarten geht es gemütlich zurück zum Ausgangspunkt der Tour, zum Odeonsplatz. Dort trefft Ihr auf die katholische Stiftskirche St. Kajetan, die alle nur Theatinerkirche nennen. Schön und wertvoll sollte diese Kirche werden, das hatte Henriette Adelaide von Savoyen, die Gemahlin von Kurfürst Ferdinand Maria, als Dank für die Geburt eines Erbprinzen geschworen. Als der Kronprinz Max Emanuel am 11. Juli 1662 geboren worden war, wurde ein Entwurf in Auftrag gegeben.

Am 11. Juni 1675 wurde diese schöne Kirche geweiht, obwohl sie noch gar nicht fertig war. Die Fertigstellung konnte Henriette Adelaide leider nicht mehr miterleben, weil sie 1676 verstarb. Im Inneren wurde mit aufwendigen Stuckarbeiten im Barock- und Rokokostil gearbeitet. Doch viele Besucher sind sehr überrascht, wenn sie die Kirche be-

In der Theatinerkirche ist alles weiß.

treten, denn sie erwarten die übliche goldene Ausstattung. Aber in der Theatinerkirche ist alles weiß! Doch gerade dieses „schlichte" Weiß, gepaart mit den feinen Stuckarbeiten und mächtigen Säulen, die die 70 Meter hohe Kuppel stützen, sind so beeindruckend, dass man sich erst mal ein paar Minuten hinsetzen und staunen muss.

Spannend wird es, wenn Ihr die Fürstengruft besichtigt. Das ist von Mai bis September möglich. Dort fanden viele Herrscher des Hauses Wittelsbach ihre letzte Ruhestätte. Darunter auch Kaiser und Könige wie Kaiser Karl VII. Albrecht oder der erste König Bayerns, Maximilian I. Joseph, und seine Frau Königin Caroline, König Otto von Griechenland und seine Frau Königin Amalia, Prinzregent Luitpold, Kronprinz Rupprecht und viele andere.

Entdecker-Tipps:

Zur Adventszeit wird im Kaiserhof das „Weihnachtsdorf der Residenz“ aufgebaut. Auf diesem besonders schönen traditionellen Weihnachtsmarkt mitten in München könnt Ihr echten Glasbläsern, Goldschmieden, Webern oder Fellgerbern bei der Arbeit über die Schulter schauen. Auch Krippenfiguren oder Handgefertigtes aus Filz könnt Ihr bewundern. Man kann sich ein bisschen vorstellen, wie es früher auf den Weihnachtsmärkten war. Wenn dazu die Alphornbläser auf ihren meterlangen Hörnern Weihnachtslieder spielen, es aus dem historischen Ofen nach Gebäck duftet und im Märchenwald ein Elch mit tiefer Stimme Geschichten erzählt, ist das Glück perfekt.

→ www.dasweihnachtsdorf.de

☺

Der perfekte Ort für eine Pause nach der Tour durch die Residenz – und noch ein richtiger Geheimtipp in München – ist das „Stereo Café“. Es „versteckt“ sich in der Residenzstraße 25, im ersten Stock eines Männerbekleidungsladens. Perfekt auch deshalb, weil der Blick aus der großen Fensterfront die tolle Fassade der Residenz und die „Streichellöwen“ offenbart. Ihr könnt dort also Position beziehen und mitzählen, wie viele Passanten den Löwen über die Mäuler streicheln. Außerdem gibt es in dem Café herr-

Das große Fenster im Stereo Café zeigt auf die schöne Fassade der Residenz.

liches Gebäck und auch kleine Gerichte. Wenn man durch die Küche geht, kommt man auf eine kleine, aber feine Dachterrasse, in der sogar eine Krabbelecke für die ganz Kleinen eingerichtet ist.

→ **www.stereo-cafe.de**

☺

Wenn Ihr schon mal in den Innenhöfen der Residenz wandelt, solltet Ihr Euch unbedingt das Cuvilliés-Theater ansehen. Früher durften da nämlich nur Mitglieder der feinen Münchner Hofgesellschaft hinein. Entworfen hat das Theater François Cuvilliés im Auftrag des bayerischen Kurfürsten Max III. Joseph. Wenn Ihr drin seid, stockt Euch bestimmt der Atem. So viel Gold und Schnitzerei findet man nur noch ganz selten. Das Theater stammt aus dem 18. Jahrhundert, der Zeit des Rokoko, als man üppige Verzierungen mit Figuren, Ranken, Pflanzen und Ornamenten liebte.

→ **www.residenz-muenchen.de**

☺

Auch wenn Eure Socken qualmen, macht Euch noch einmal auf den Weg und geht um die Residenz herum. Denn so gelangt Ihr fast automatisch an der östlichen Seite zum Kabinettsgarten. Es ist genau der richtige Platz, um mal in Ruhe durchzuatmen und dem Lärm der Stadt zu entfliehen. Vier Platanen spenden im Sommer wie ein Dach Schatten, die Mauern ringsherum lassen den Krach draußen, ein Springbrunnen plätschert und zwei flache symmetrische Wasserflächen geben den Blick auf ein Mosaik frei. 2005 wurde der Garten mit dem Deutschen Landschaftsarchitekturpreis ausgezeichnet.

☺

Mehrmals im Jahr veranstaltet die Staatsoper ganz besondere Konzerte für die jüngsten Zuschauer. Dann werden in der Parkett-Garderobe viele kuschlige Kissen und Matratzen ausgelegt, auf denen Ihr es Euch richtig gemütlich machen dürft. So könnt Ihr dann Geschichten mit Musik und Gesang lauschen und den Musikern danach Fragen stellen oder Euch die Instrumente einmal von Nahem ansehen. Hier müssen Eure Eltern aber früh buchen, weil diese Konzerte sehr begehrt sind!

→ www.bayerische.staatsoper.de

☺

Passend zur königlichen Tour findet Ihr direkt am Hofgarten Münchens ältestes Caféhaus aus dem Jahr 1775 mit dem Namen „Luigi Tambosi“. Wenn Ihr in den gemütlichen Sesseln im Innern sitzt oder draußen im Hofgarten bei Kakao und Kuchen, dann spürt Ihr ganz sicher noch ein wenig der königlich bayerischen Pracht längst vergangener Zeiten.

→ www.tambosi.de

TOUR 7

Museumsquartier

Wohnen Elefanten im Keller?

U-Bahnsteig Königsplatz → Kunstbau im Zwischengeschoss → Königsplatz → Lenbachhaus → Paläontologische Staatssammlung → Staatliche Antikensammlungen → Glyptothek → Staatliches Museum Ägyptischer Kunst → Die Pinakotheken → Kinder- und Jugendmuseum

→ U-Bahnsteig Königsplatz

Für diese Tour solltet Ihr bequeme Schuhe anziehen und am besten verteilt Ihr die Museumsrunde auf mehrere Etappen und Tage. Die Museen liegen zwar nahe beieinander, aber jedes einzelne ist so interessant und groß, dass man unmöglich alle an einem Tag besuchen kann. Am besten sucht Ihr Euch immer zwei Museen pro Tour aus.

Ihr habt zwei gute Möglichkeiten, an den Startpunkt der Tour, den Königsplatz, zu gelangen. Zum einen könnt Ihr mit dem Stadtbus fahren. Dafür steigt Ihr zum Beispiel am Hauptbahnhof in die 100er-Museumslinie ein, fahrt bis zum Königsplatz und nutzt das Ticket dann auch, um die weiteren Museen anzufahren.

„Das ist fußschonend“, sagte Luca.
„Richtig, es gibt aber noch eine andere Möglichkeit, an den Königsplatz zu kommen. Weißt du das auch?“
„Klar, ich komme mit dem Pferd!“
„Du hast doch gar kein Pferd.“
„Stimmt auch wieder. Dann fahre ich eben mit der U-Bahn.“

Da liegt mein schlauer Freund Luca mal wieder genau richtig. Die zweite Möglichkeit ist eine Fahrt mit der U-Bahn. Die U2 und U8 halten ebenfalls am Königsplatz. Dort angekommen, bekommt Ihr schon am U-Bahnsteig erste Eindrücke davon, was Euch erwartet, denn bei der Gestaltung des Bahnhofs haben die Planer schon an die umliegenden Museen und Galerien gedacht. So wurden die Wände mit 32 Kopien weltbekannter Kunstwerke verziert, die zum Teil vier Meter hoch sind. Außerdem findet Ihr hier neben den Originalgiebelfiguren der Propyläen (Torbogen am Königs-

Die Museumstour fängt schon an der U-Bahn-Halltestelle an.

platz) auch Vitrinen mit Kopien kleiner Kunstwerke aus der Glyptothek und den Staatlichen Antikensammlungen, die Ihr gleich noch näher kennenlernen werdet. Aber genug vom Untergrund, jetzt geht es ins Zwischengeschoss.

→ Kunstbau im Zwischengeschoss

Stellt euch mal vor, da entsteht beim Bau des U-Bahnhofs am Königsplatz ein Raum, der genauso groß ist, wie der Bahnsteig selbst. Ein riesiger Raum, genau 110 Meter lang, 14 Meter breit und fünf Meter hoch. Da hat sich die Stadt natürlich überlegt, was man mit diesem ungenutzten Raum anfangen könnte. Schließlich hat man sich entschieden, dort wechselnde Ausstellungen des Lenbachhauses zu zeigen. Ausgebaut wurde der Kunstbau von 1992 bis 1994 und die Architekten haben sich was Tolles ausgedacht. Denn schon von der Rolltreppe aus kann man durch die Glasscheiben einen Blick in die wechselnden Ausstellungen werfen. Besonders spannend ist die Lichtinstallation, die sich verändert und mich irgendwie an schnelle vorbeifahrende U-Bahnen erinnert. Diese Lichtinstallation wurde dem Kunstbau von den Kunstsammlern Heiner und Philippa Friedrich aus New York geschenkt. Leider ist sie nicht immer zu sehen. Informationen findet man auf der Webseite des Lenbachhauses. Doch jetzt wollen wir endlich nach oben, oder Luca?

„Ja, lass uns an die frische Luft gehen. Ich bin so gern da oben am Königsplatz. Da fühle ich mich immer wie ein griechischer Held!“

→ Königsplatz

Der Königsplatz ist sicher einer der schönsten und bekanntesten Orte in München. Wenn man auf dem großen Platz mit den von Säulen getragenen Prachtbauten steht, hat man wirklich fast das Gefühl, in Athen zu sein. Die Idee für diese Bauwerke kam vom bayerischen König Ludwig I., der sich für die griechische Baukunst sehr begeisterte. Er war sogar so angetan von der griechischen Kultur, dass er 1825 anordnete, man dürfe „Baiern“, das man bis dahin mit „i“ schrieb, fortan nur noch mit dem griechischen Buchstaben Ypsilon, also „Bayern“, schreiben.

Ludwig I. erteilte also den Auftrag, den prachtvollen Königsplatz zu bauen. Dabei sollte der Architekt Karl von Fischer sich die Akropolis in Athen, der Hauptstadt Griechenlands, zum Vorbild nehmen. Die Akropolis steht im Original auf einem Berg und es handelt sich dabei um eine tempelartige Stadtfestung, die der Stadtgöttin Athene gewidmet war. Das hat König Ludwig I. eben so gut gefallen, dass er so etwas auch in „seinem München“ haben wollte. Weiterentwickelt und fertiggestellt hat den Platz aber

Die Propyläen inmitten des Königsplatzes könnten so auch in Griechenland stehen.

schließlich der Architekt Leo von Klenze. Der Königsplatz mit seinen Prachtbauten ist so gelungen, dass München manchmal auch „Isar-Athen" genannt wird. Und bestimmt hätte es König Ludwig I. sehr gefallen, dass „seine Münchner" sich bis heute auf den Steintreppen der Glyptothek gemütlich in die Sonne setzen, die hier besonders lange auf die Stufen scheint.

→ Lenbachhaus

Franz Seraph Lenbach wurde am 13. Dezember 1836 in Schrobenhausen geboren. Er war das vierte Kind von Franz Joseph Lenbach und dessen zweiter Frau Josepha Herke. Der Vater kam aus Südtirol und war Stadtmaurermeister. Franz wurde zunächst Maurergeselle und arbeitete nach dem Tod des Vaters in der elterlichen Firma mit. 1852 ließ er sich an der Königlich Bayerischen Polytechnischen Schule in Augsburg im Figurenzeichnen unterrichten. Er schloss mit „vorzüglich" ab. 1854 wurde er von der

Das Lenbachhaus steckt in einem goldenen Würfel.

Akademie der Bildenden Künste in München aufgenommen. So begann der künstlerische Weg von Franz Lenbach, der aus ihm schließlich einen sehr bekannten Maler machte. Bald schon nannte man ihn den „Münchner Malerfürst". Er malte den Papst, Kaiser, Könige und viele berühmte Persönlichkeiten. Eines Tages beschloss er, eine ganz besondere Villa zu errichten: „Ich gedenke einen Palast zu bauen, der das Dagewesene in den Schatten stellen wird", schrieb er in einem Brief.

Daraufhin gestaltete er gemeinsam mit dem Architekten Gabriel von Seidl das Lenbachhaus. Hier lebte und arbeitete Franz von Lenbach, bis er 1902 einen Schlaganfall erlitt und starb. Er wurde auf dem Münchner Westfriedhof in einem von der Stadt bereitgestellten Ehrengrab (Nr. 81 an der Mauer links) beigesetzt.

Heute befindet sich in der Villa von Franz von Lenbach ein Museum, das bis 2013 aufwendig saniert und erweitert wurde. Denn wenn Ihr jetzt vor dem Lenbachhaus steht, dann fällt Euch bestimmt zuerst der goldene würfelförmige Bau auf, auf dem in großen dreidimensionalen Buchstaben LENBACHHAUS steht. Das ist natürlich nicht die Villa, sondern ein Erweiterungsbau, denn die Villa war für ein Museum viel zu klein und außerdem baufällig. Manche denken an einen Goldbarren, wenn sie das goldene Gebäude sehen, deshalb hat es auch den Spitznamen „Bling Bling". Entworfen hat den Prachtbau aus Messing übrigens ein berühmter britischer Architekt namens Norman Foster.

„Also Paula, das klingt ja so, als wäre das Äußere fast so wichtig wie das Innere", sagte Luca.
„Besser hätte ich es nicht sagen können. Man kann über den Neubau und die Villa wirklich viel erzählen. Dir müsste die Villa von Franz von Lenbach übrigens besonders gut gefallen, Luca. Denn sie wurde im toskanischen Stil erbaut."
Luca grinste: „Die Italiener wussten halt schon immer, was schön ist."
„Mir gefällt das auch, aber jetzt lass uns reingehen, denn drinnen erwartet uns ein ‚Haus im Haus', ein bunter Wirbelsturm und sehr berühmte blaue Pferde."

Schon beim Eintritt in das Museum merkt man, wie viel Mühe sich die Architekten nicht nur von außen mit dem neuen Bau gegeben haben. Denn stellt Euch vor, wenn Ihr den goldenen Kubus und die Eingangshalle betreten habt und Euch Richtung Kasse wendet, dann steht Ihr vor der Fassade der alten Villa von Franz von Lenbach. Der goldene Messingbau wurde also um die Originalvilla herum gebaut!

Das ist wirklich irre: ein Haus im Haus. Die Villa selbst wird so zum Teil der Ausstellung. Ihr könnt sogar um das Haus herumgehen.

Das „Wirbelwerk“ von Ólafur Elíasson im Lenbachhaus braucht keinen Wind.

Doch Luca war gleich in der Eingangshalle stehen geblieben und schaute nach oben: „Das gefällt mir, es sieht so aus, als würde man nach oben gesaugt werden!“

Das Kunstwerk, man kann auch Installation dazu sagen, das Luca gleich im Foyer so beeindruckt hat, ist von Ólafur Elíasson. Das „Wirbelwerk“ besteht aus 450 farbigen Glasscheiben und aus poliertem Metall, wird von innen beleuchtet und reicht von der Decke bis über die Köpfe der Besucher herab. Ich finde dieses Wirbelwerk aus Farben ist die perfekte Einstimmung auf die Ausstellung im Lenbachhaus. Denn es geht um Licht und Schatten, um Farben und Formen. Besonders berühmt ist das Lenbachhaus für die Sammlung „Der Blaue Reiter“. Dabei handelt es sich um die weltweit größte Sammlung der Künstlergruppe, die unter dem Namen „Der Blaue Reiter“ vor etwa 100 Jahren, um das Jahr 1912, bekannt wurde. Ein großer Teil dieser Sammlung wurde dem Museum übrigens von Gabriele Münter geschenkt, die selbst Teil dieser Gruppe war. Außerdem gehörten noch Wassily Kandinsky, Franz

Marc, Alexej von Jawlensky, Marianne von Werefkin und August Macke dazu. Jetzt könnte man über die einzelnen Künstler natürlich ganz viel erzählen, denn die haben wirklich ein spannendes Leben gehabt und sich und ihre Kunst immer weiterentwickelt. Vor allem hatten sie den Mut, mit Farben und Formen zu experimentieren. So hat zum Beispiel Franz Marc, der gerne Pferde malte, damit begonnen, sie anders zu malen. Er malte sie von der Seite, schnitt sie an, ließ sie zur Seite schauen und irgendwann griff er zur Farbe Blau. Denn Franz Marc sah in der Farbe Blau ein Symbol für Sehnsucht und für die Suche nach etwas Wichtigem, wie dem Sinn des Lebens. Dieses Gefühl wollte er über die Farbe transportieren. Aber er ging noch einen Schritt weiter. Ihr könnt Euch im Lenbachhaus auch seinen Tiger ansehen, der gelb ist und in ganz harten, geraden Strichen gemalt wurde. Die Stärke und Gefährlichkeit dieses Tieres springt euch direkt ins Auge.

Gabriele Münter hatte in Murnau am Staffelsee ein Haus gekauft, in dem sie und Kandinsky zeitweise lebten und in das sie gern Freunde und andere Künstler einluden. Die Leute nannten das Haus auch das „Russenhaus“, da Kandinsky aus Russland stammte. Da Gabriele Münter auch von der Einrichtung und dem Haus Bilder malte, wissen wir heute, wie es damals aussah. Sie malte auch gern Möbel an. Das Münter-Haus in Murnau kann übrigens besichtigt werden.

Das Lenbachhaus ist auf jeden Fall einen oder mehrere Besuche wert, denn natürlich gibt es dort noch sehr viel mehr zu bewundern. Am besten schaut Ihr Euch das einfach selbst an. Weil es ein ganz neu renoviertes Museum ist, wurde auch bei der Beleuchtung sehr darauf geachtet, dass die Kunstwerke und Bilder immer das perfekte Licht haben. Dafür wurde eine

hochmoderne LED-Technik verwendet, die sich harmonisch mit dem Tageslicht verbindet. Manchmal werdet Ihr das Gefühl haben, im Tageslicht zu stehen, obwohl es sich um künstliches Licht handelt.

Wer sich gern noch mehr mit Kunst, Farben und Formen beschäftigen möchte, findet im hauseigenen Museumsshop sehr viele schöne Bücher für Kinder. Und plattgelaufene Füße und bunte Augen können sich im Café ELLA ausruhen, denn der nächste Höhepunkt unserer Museumstour wartet schon auf euch.

→ Paläontologische Staatssammlung

Wenn Ihr in der Richard-Wagner-Straße 10 vor der herrschaftlichen Villa steht, könnt Ihr Euch wahrscheinlich nicht vorstellen, was Euch darin erwartet.

Im Elefantenkeller der Paläontologischen Staatssammlung hängt auch ein Pferd.

Übrigens, auch die Fassade der Villa beherbergt zwei Löwen. Habt Ihr sie schon entdeckt?

Im Jahr 1918 befand sich in dem Gebäude die königliche Kunstgewerbeschule, in der es auch eine Abteilung für Mädchen gab. Das war nicht selbstverständlich, denn Mädchen durften früher nicht jede Schule besuchen. Heute steht hinter dem Holzportal in einem großartigen Lichthof das riesige Knochengerüst eines Urelefanten. Das Skelett wurde in Mühldorf am Inn gefunden. Ein richtiger Dinosaurier dagegen ist der Plateosaurus, der vor 200 Millionen Jahren in Bayern herumlief. Aber in dem großen Innenhof kann man noch viel mehr entdecken: einen Fischsaurier mit Babyfischen im Bauch, einen Riesenflugsaurier,

Diesen Urelefanten dürft Ihr Euch auf keinen Fall entgehen lassen.

ein Mammut und auch einen Riesenhirsch. Außerdem gibt es viele Fossilien zu bestaunen und jeden ersten Sonntag im Monat könnt Ihr an einem Quiz zur aktuellen Ausstellung teilnehmen und bekommt am Ende eine kleine Belohnung. Der Museumsleiter hat mir übrigens verraten, wie man kleine Knochen, die aussehen wie Kiesel, von echten Kieseln unterscheiden kann: „Man muss sie in den Mund nehmen! Echte Knochen kleben etwas auf der Zunge, Kiesel nicht!" Den sogenannten „Elefantenkeller" kann man aber nur am

Tag der offenen Tür besichtigen. Darin befinden sich die echten fossilen Knochen des Urelefanten, dessen Abguss im Lichthof steht. Die echten Knochen sind nämlich so schwer, dass sie unter ihrem eigenen Gewicht zusammenbrechen würden. Der Termin für den Tag der offenen Tür wird in der Presse und auf der Homepage bekannt gegeben.

Von der Paläontologischen Staatssammlung führt übrigens ein direkter Durchgang zur Geologischen Staatssammlung. Ihr müsst nur unter dem Flugsaurier hindurch… dann könnt Ihr phantastische Steine bewundern und viel über die Geschichte unserer Erde erfahren.

→ Staatliche Antikensammlungen

Antike Vasen sind keine Blumentöpfe und manchmal erzählen sie sogar Geschichten. Die Staatlichen Antikensammlungen befinden sich in einem der tempelartigen Bauten direkt am Königsplatz. Dort findet Ihr ganz viele Kunstwerke und Gebrauchsgegenstände der Antike aus Keramik, Terrakotta, Metall und Stein. Vor allem die Gefäße, Krüge und Schalen, die man allgemein „Vasen" nennt, haben es in sich oder besser „auf sich"! Denn darauf findet man so etwas wie ein „Bilderbuch auf Vasen". Jede Menge griechische Sagen und Geschichten wurden auf die Vasen gemalt und als „gutes Geschirr" verwendet oder den Verstorbenen für das Leben im Jenseits mit ins Grab gegeben. Wenn Ihr Euch die Vasen in der Ausstellung anseht, findet Ihr viele Gestalten der griechischen Mythologie. Dort könnt Ihr Odysseus, Zeus, aber auch einem besonders starken Mann begegnen. Luca und mir gefallen besonders die Abenteuer von Herkules, die auf vielen Vasen dargestellt sind. Zwölf Taten musste er vollbringen. Zum Beispiel den Löwen von Nemea töten. Nachdem er das geschafft hatte,

trug er dessen Fell. Daran könnt Ihr ihn immer erkennen. Auch den Kampf gegen menschenfressende Vögel konnte er gewinnen und er pflückte die drei goldenen Äpfel aus dem Garten der Hesperiden im Reich des Todes. Dafür musste er sogar kurz den Himmel auf seinen Schultern tragen …

Doch jetzt seid Ihr mal wieder dran, macht Euch selbst auf Spurensuche! Wer von Euch findet als erstes einen Löwen in der Sammlung? Denkt an Herkules: Fell und Löwenkopf zählen natürlich auch.

Wenn Ihr göttliche Bildergeschichten mögt, seid Ihr in den Antikensammlungen genau richtig. Außerdem bietet das Museum auch mehrmals im Jahr Kindertage und Programme für Euer Geburtstagsfest an. Wer mag, kann dann eine Gottheit aus Gips gießen, ein buntes Mosaik legen, Theatermasken basteln oder einen Kranz aus Efeu flechten.

→ Glyptothek

Die Glyptothek ist ebenfalls direkt am Königsplatz gelegen und befindet sich in dem anderen Tempelbau. Ihr erkennt sie an den steinernen Statuen, die in der Fassade stehen. Die Glyptothek ist Münchens ältestes öffentliches Museum und das einzige Museum auf der Welt, das sich antiken Skulpturen widmet. Der Name Glyptothek kommt aus dem Griechischen und setzt sich zusammen aus dem Wort „glyptein“ (meißeln) und „theke“ (Aufbewahrungsort).

Athena mit Helm ist nicht nur die Göttin der Weisheit, sondern auch des Kampfes.

Auch die Glyptothek sieht aus wie ein griechischer Tempel.

Auch für die Glyptothek war König Ludwig I. von Bayern verantwortlich. Er beauftragte den Hofbaumeister Leo von Klenze, der mit dem Bau von 1816 bis 1830 beschäftigt war. Während die Glyptothek von außen wie ein griechischer Tempel aussieht, wird es innen römisch. 14 Säle sind um einen quadratischen Innenhof angelegt. Leo von Klenze gestaltete diese Räume einst sehr prachtvoll und farbig. Die Fußböden waren aus buntem Marmor. Leider wurde die Glyptothek im Zweiten Weltkrieg 1944 von Bomben getroffen. Wegen der Zerstörungen und des fehlenden Dachs verfielen die schönen Wände aus Stuck und damit die ganze Pracht. Als man die Glyptothek in den 1960er Jahren wieder aufbaute, verzichtete man auf die frühere prunkvolle Ausstattung und entschied sich für einfarbige Böden, schlichte Sockel und große Fenster. Man wollte die antiken Originalfiguren, die in der Glyptothek ausgestellt werden, in den Vordergrund rücken. Wenn das Licht durch die großen Fenster fällt, sehen die Figuren manchmal fast lebendig aus. Mein Tipp: Ihr solltet unbedingt um die Skulpturen herumgehen, wenn das möglich ist. Manchmal findet man auf der

Rückseite interessante Einzelheiten. Denn die Figuren sind ja plastisch.

Ihr könnt Marmorskulpturen von längst verstorbenen Dichtern, Denkern und Herrschern wie Homer, Platon, Alexander dem Großen und Kaiser Augustus ansehen. Aber auch griechische Götter, wie die Liebesgöttin Aphrodite, oder den Kopf der Medusa, die durch ihren Blick Menschen in Stein verwandelte, könnt Ihr hier finden. Es kommt einem fast so vor, als würde man richtig in die Welt der griechischen Geschichte und Götterwelt eintauchen! Es macht wirklich Spaß, zwischen all den Skulpturen und Köpfen herumzuwandern.

„Und Herkules!", rief Luca.
„Ja, den haben wir auch gefunden. Aber das wäre doch wieder eine Löwenfrage, was meinst du, Luca?"
„Wo findet man in der Glyptothek den Helden samt Löwenhelm wieder? Es ist nicht ganz einfach, deshalb ein Hinweis: Er steht bei den Giebelfiguren …"

→ Staatliches Museum Ägyptischer Kunst

Dieses Museum ist schon ein paar Mal umgezogen, war zuletzt sogar in der Residenz untergebracht, bis es seinen neuen Museumsbau in der Gabelsbergerstraße beziehen konnte. Und diese neuen Räume und auch die Ausstellung haben es wirklich in sich. Schon das Portal ist der Wahnsinn: Lange, breite Stufen führen nach unten, denn das Museum liegt komplett unterirdisch, auch wenn man das in der Ausstellung manchmal gar nicht merkt. Die beiden Architekten aus Köln, die es geplant haben, waren eigentlich

Die goldenen Maske von Satdjehuti Satibu ist besonders schön.

Kirchenbauer. Sie heißen Gottfried und Peter Böhm und ich finde, sie haben wirklich ein wahres Kunstwerk aus Licht und Schatten geschaffen. Denn kaum hat man die große Eingangshalle betreten, führen weitere Treppen nach unten, jedoch kommt von der Seite ganz viel Licht über eine Galerie aus Fenstern, die in einen Lichtschacht führen und von dreieckigen Pfeilern unterbrochen sind.

In der Ausstellung sind die Ausstellungsstücke nicht nach Zeiten, sondern nach Themen geordnet. Ein Raum heißt zum Beispiel „Jenseitsglauben", darin findet Ihr Dinge, die die Ägypter den Verstorbenen mit auf ihren Weg ins Jenseits gaben. Für die Ägypter war Sterben nämlich eher wie ein Umzug an einen anderen Ort. Deshalb gab man ihnen Kleidung, Geschirr, Spielzeug, Getränke, Nahrung und sogar Dienerpüppchen mit. Wertvolle Sargmasken verliehen den Toten dann ein unsterbliches Gesicht. Schaut Euch mal die goldene Maske von Satdjehuti Satibu an. Ihre Augen sind aus Kupfer (Augenlid), Marmor (Augapfel) und Obsidian (Iris) gemacht. Natürlich gibt es auch lange Schrifttafeln der Ägypter und ich finde es immer wieder spannend, dass die

Ägypter die Hieroglyphen von links nach rechts, aber auch von rechts nach links schreiben konnten. Die Leserichtung erkennt man daran, dass die Figuren immer in Richtung Textanfang blicken.

> „Das sollte man heute bei uns auch einführen", sagte Luca.
> „Warum?"
> „Dann hätten es die Linkshänder einfacher und würden nicht immer das Geschriebene verwischen..."

→ Die Pinakotheken

Um vom Königsplatz zu den Pinakotheken zu gelangen, muss man Richtung Karolinenplatz gehen, den man leicht am Obelisken erkennen kann. Von dort aus geht es links in die Barer Straße. Außerdem hält auch die Tram der Linie 27 direkt an den Pinakotheken.

Die drei Pinakotheken gehören zu den bekanntesten und wichtigsten Kunstsammlungen auf der Welt. Sie heißen Alte Pinakothek, Neue Pinakothek und Pinakothek der Moderne. Und man kann sie zeitlich gut einteilen. In der Alten Pinakothek findet Ihr Meisterwerke der europäischen Malerei vom 14. bis zum 18. Jahrhundert, darunter Maler wie Albrecht Dürer, Peter Paul Rubens, Rembrandt und viele andere. In der Neuen Pinakothek sind Werke des 19. Jahrhunderts von Vincent van Gogh, Caspar David Friedrich, Claude Monet, Paul Gaugin, Paul Cézanne und anderen ausgestellt.

Blick nach oben im Eingang der Pinakothek der Moderne

Die Alte Pinakothek befindet sich gegenüber der Pinakothek der Moderne.

Die Pinakothek der Moderne sammelt moderne Kunst des 20. und 21. Jahrhunderts, zum Beispiel von Pablo Picasso, Joseph Beuys, Andy Warhol, Paul Klee und Neo Rauch. Sie ist das Museum für Kunst, Graphik, Architektur und Design. Sie beschäftigt sich zugleich mit der Gegenwart, mit den Dingen, die wir heute benutzen, mit denen wir zum Beispiel fahren oder in denen wir unseren Kaffee kochen.

In den Pinakotheken könnt Ihr also anhand der Bilder und Kunstwerke eine Reise durch die Zeit unternehmen und so erleben, wie die unterschiedlichsten Künstler die Welt gesehen haben. Ihr könnt Euch zum Beispiel das Bild der „Alexanderschlacht" von Albrecht Altdorfer aus dem Jahr 1529 im Original ansehen. Das ist der Wahnsinn, weil man jedes kleine Detail, jede Lanze erkennen kann. Man hat das Gefühl, in dieses Bild hineingezogen zu werden. Die

Reiter, die Fahnen, die Soldaten, der Himmel, alles wirkt so lebendig. Man kann sich wirklich vorstellen, wie grausam und gigantisch eine solche Schlacht war. Ruhiger fühlen sich da die Sonnenblumen von Vincent van Gogh in der Neuen Pinakothek an. In die heutige Zeit findet Ihr zurück, wenn Ihr in dem riesigen beleuchteten Setzkasten in der Pinakothek der Moderne das Gerüst eines Autos, ganz besondere Stühle, Sessel und Küchenmaschinen entdeckt.

„Och, so einen Setzkasten möchte ich auch gerne haben", sagte Luca.
„Genau, und darin sammeln wir dann die Schätze unserer Zeit."
„Was würdest du dort aufheben, Luca?"
„Den Spaghetti-Topf meiner Oma, und du?"
„Den Krokodilstift von Opa."

→ Kinder- und Jugendmuseum

Wenn Ihr dann noch Lust auf Action habt, dann lasst Euch von der Museumslinie wieder an den Anfang der Tour, zum Hauptbahnhof zurückfahren. Denn auch dort gibt es ein tolles Museum, das sich direkt im Bahnhofsgelände an der Arnulfstraße befindet. Das Kinder- und Jugendmuseum ist wirklich etwas ganz Besonderes. Denn die wechselnden Ausstellungen aus den Bereichen Spiel, Kunst, Natur, Kultur und Technik sind vor allem deshalb so spannend, weil man hier viel ausprobieren, anfassen und erleben kann. Dafür lässt sich das Museumsteam richtig viel einfallen. In der Vergangenheit konnte man schon durch einen Dschungel spazieren, in riesengroße Seifenblasen hineinsteigen oder sich an 30 Mitmachstationen auf luftige Expedition begeben. Jede Ausstellung dauert ein paar Monate, bis dann die nächste an der Reihe ist.

Entdecker-Tipps:

Jedes Jahr im Sommer findet auf dem Königsplatz ein Festival für Jugendliche statt. Unter dem Motto „OBEN OHNE OPEN AIR“ veranstalten die Kreisjugendringe München-Stadt und München-Land das größte, nicht kommerzielle Festival im süddeutschen Raum. Dafür werden jede Menge bekannter Bands eingeladen, aber auch Nachwuchsbands bekommen eine Chance aufzutreten. Drumherum gibt es viele Veranstaltungen im Rahmenprogramm.

→ www.oben-air.de

☺

Sollten Euch die „Blauen Reiter“ besonders gefallen haben und Ihr wollt mal sehen, wie die Künstler in ihrem Münter-Haus oder „Russenhaus“, wie es genannt wurde, gewohnt haben, könnt Ihr es besuchen! Es ist zwar nicht in München, aber man kommt mit dem Zug oder dem Auto ganz schnell nach Murnau.

→ Münter-Haus, Kottmüller-Allee 6, 82418 Murnau, www.muenter-stiftung.de/de/das-munter-haus-2

☺

In den Antikensammlungen am Königsplatz ist es sogar möglich, Euren Geburtstag zu feiern! Immer montags könnt Ihr dann eine spezielle Führung erleben und Euch einen Gott Eurer Wahl aussuchen. Verwandelt Euch in schöne Göttinnen oder starke Helden. Auch Basteln und ein Suchspiel stehen auf dem Geburtstagsprogramm. Die Veranstaltung dauert drei Stunden, Kuchen und Verpflegung dürfen mitgebracht werden.

→ Anmeldung & Info: info@antike-am-koenigsplatz.mwn.de

☺

Ein Geheimtipp ist an warmen Tagen das Café im Innenhof der Glyptothek. Dort kann man Panini, Salat, Kaffee vom Gardasee und Kuchen zu sich nehmen. Auf der Rückseite der Glyptothek verbirgt sich ein schöner Spielplatz für kleine und größere Kinder, der über zwei Hängebrücken erreicht werden kann. Dort kann man sich austoben, rutschen, klettern, Tischtennis spielen und einen Brotzeittisch gibt es auch.

☺

Ferienprogramm im Museum Ägyptischer Kunst: Macht Euch in den Sommerferien auf Entdeckungstour durch das Museum Ägyptischer Kunst. Mit Fragebögen bewaffnet macht Ihr Euch auf Spurensuche der alten Ägypter. Wen Ihr alle Fragen richtig beantwortet habt, bekommt Ihr einen kleinen Preis. Natürlich könnt Ihr auch im Museum Ägyptischer Kunst Euren Geburtstag feiern.

→ www.smaek.de

☺

KINDERPALAIS im Palais Pinakothek: Freitag ist der Tag für das Kinderpalais! Dafür denken sich die Museen immer wieder neue Themen aus. Freut Euch auf einen ganz besonderen Rundgang durch eines der Museen, erforscht die Kunstwerke und arbeitet an Euren eigenen Werken. Zur Stärkung gibt es eine kleine Brotzeit. Auf diese Weise könnt Ihr jeden Freitag ein neues Kunst-Abenteuer erleben. Die Themen wechseln jede Woche und sind streng geheim! Also am besten einfach mitmachen!

→ Anmeldung: palais@pinakothek.de; Tel.: 089 23805198

Außerdem gibt es jeden Freitag um 15 Uhr eine Führung durch die Alte Pinakothek, dabei dürfen Eure Eltern gerne mitkommen.

☺

Das Geschäft „Kremer Pigmente" befindet sich in der Barer Straße 46, direkt gegenüber von der Neuen Pinakothek. Dieser Laden ist genau richtig, wenn man die tollen Farben auf den Gemälden gesehen hat. Denn hier bekommt Ihr alles, um zu Hause Farben für Eure eigenen Kunstwerke herzustellen. Doch die kommen nicht aus der Tube! Hier könnt Ihr Eure Farben selbst anmischen, so wie das die großen Künstler früher auch gemacht haben. Sie haben zum Beispiel Farbpulver mit rohem verquirlten Ei vermischt, um „Eitempera" herzustellen. Aber es lohnt sich auch, sich einfach umzusehen. Die Regale an der Wand sind voller bunter Farbpulver. Da gibt es zum Beispiel den Staub verbrannter Pfirsichkerne oder zerriebenen Lapislazuli. Es gibt unglaubliche Farben: Ägyptischgrün, Benzingelb, Traubenkernschwarz, Kirschkernschwarz, Bayerische grüne Erde, Bergkristall, Pyramidengelb mittel, Maya Blau und viele mehr!

→ www.kremer-pigmente.de

☺

Schöne Touren für Kinder, ganz speziell für die Museen, bietet das Team von KuKi, Kunst für Kinder, an.
Die kreativen spielerischen Museumsführungen, die sogenannten „Schatzsuchen durch Münchner Museen" machen richtig Spaß und beim anschließenden thematisch passenden Gestalten vor den Originalen im Museum werdet Ihr selbst zum Künstler. In den Ferien gibt es auch ganztägige Angebote unter dem Motto: „Münchner Museumsreisen".

→ www.kuki-muenchen.de

Ach, und bevor ich es vergesse: Viele Museen in München sind sonntags kostenlos oder verlangen nur einen Eintritt von 1,00 Euro!

TOUR 8

Nymphenburg

Helfen Zaubernüsse gegen Bärenhunger?

Botanischer Garten → Schlosspark Nymphenburg → Schloss Nymphenburg → Museum Mensch & Natur → Marstallmuseum und Museum Nymphenburger Porzellan

Der Botanische Garten ist bei jedem Wetter und zu jeder Jahreszeit einen Besuch wert.

→ Botanischer Garten

Diese Tour startet am Botanischen Garten, den Ihr öffentlich sehr gut mit der Tram 17 erreichen könnt. Die Linie 17 fährt unter anderem die Stationen Sendlinger Tor, Karlsplatz (Stachus), Hauptbahnhof und Hackerbrücke an, dort könnt Ihr also ganz zentral in der Innenstadt einsteigen. Die Tram hält dann direkt am Eingang. Der Botanische Garten feierte 2014 sein hundertjähriges Bestehen.

München hat den Botanischen Garten Karl Ritter von Goebel zu verdanken. Der Botaniker, der 1909 vom bayerischen König zum Ritter geschlagen wurde, war der Meinung, ein botanischer Garten muss nicht nur für Gelehrte, sondern für alle Menschen zugänglich sein, die etwas über Pflanzen lernen wollen. Goebel wollte also einen öffentlichen botanischen Garten für jedermann und das war für die damalige Zeit gar nicht selbstverständlich.

Heute wachsen im Botanischen Garten etwa 14.000 Pflanzenarten. Diese Pflanzen findet Ihr draußen in den Außenanlagen, ebenso wie den Schmuckhof mit dem Wasserbecken und den tribünenförmig angelegten Beeten, in denen im Sommer 25.000 Beetblumen eingepflanzt werden. Sehr viele Pflanzen gibt es aber auch in den 15 Schaugewächshäusern – diese Gewächshäuser haben es wirklich in sich! Im Victoriahaus beeindrucken zum Beispiel im Sommer die Blätter der Seerosenart Victoria. Sie erreichen einen Durchmesser von fast zwei Metern und brauchen nur sechs Monate, um so groß zu werden. Im Winter wird das Wasser im Seerosenhaus abgelassen und in das leere Becken werden kälteempfindliche Pflanzen eingestellt.

Im 23 Meter hohen Palmenhaus (Halle B) wachsen Palmen und Riesenbambus. Im feuchtwarmen Orchideenhaus gibt es nicht nur jede Menge unglaublich schöner Orchideen, sondern auch zwei grüne Leguane. Sie heißen Iggy und Pop. Und wenn Ihr die Augen schließt, könnt Ihr die vielen Frösche hören. Zu sehen bekommt man sie aber nur selten, weil sie sich sehr gut in ihrem Pflanzendschungel verstecken können. Die Baumsteigerfrösche sind zwar nur so klein wie ein Daumennagel, aber dafür ganz große Schädlingsvertilger.

Das sind aber noch nicht alle Tiere im Orchideenhaus. Sehenswert sind auch die 42 Schmuckschildkröten, die manchmal, wie auf einer Perlenkette aufgereiht, auf den Hölzern entlang balancieren. Ihr fragt Euch, wo die herkommen? Die meisten wurden von irgendwelchen Besuchern heimlich ausgesetzt. Das findet die Leitung des Botanischen Gartens übrigens nicht besonders witzig. Pflanzen und Tiere genießen das feuchtwarme Klima im Orchideenhaus.

Aber nicht alle Pflanzen mögen es warm. Die Kamelie, auch japanische Rose genannt, mag es überhaupt nicht so warm und steht deshalb im Kalthaus. Ihr sind sieben Grad Celsius am liebsten, sonst verliert sie ihre Blütenblätter, weshalb sie manchmal als zickig bezeichnet wird.

Auf keinen Fall verpassen solltet Ihr auch die Schmetterlingsausstellung im Wasserpflanzenhaus. Sie findet jedes Jahr von Dezember bis März statt. Dann flattern 400 tropische Schmetterlinge frei herum. Die größten sind die gelben Bananenfalter, deren Flügel handtellergroß werden können.

Sogar im Winter, wenn man glauben könnte, da wächst und blüht draußen in den Außenanlagen nichts, hält der Botanische Garten einige Geheimnisse parat.

„Ha, ich weiß, was du meinst. Ich sage nur ‚Abrakadabra'!"
„Was meinst du damit, Luca?"
Luca grinste und sagte verschwörerisch: „Ich stelle dir ein Rätsel, Paula. Was ist das? Es klingt magisch und kernig, aber knacken kann man es nicht?"
„Wie bitte? Ich habe keine Ahnung."
Luca hob die Arme: „Abrakadabra Simsalabim, Luca weiß, dass ich die Zaubernuss bin! Doch kann ich weder zaubern, noch bin ich Nuss, weshalb Paula weiterraten muss."

Doch ich kam nicht drauf, deshalb verriet mir mein italienischer Freund schließlich das Geheimnis der Zaubernuss … Die Zaubernuss ist nämlich keine Nuss, sondern eine ganz außergewöhnliche Pflanze, die Ihr draußen auf der großen Anlage des Botanischen Gartens findet und das zu einer Jahreszeit, zu der normalerweise gar nichts blüht. Im Dezember/Januar könnt Ihr die leuchtend roten und gelben Blüten entdecken. Die Zaubernuss gehört zu den Zaubernussgewächsen, während die Haselnuss zu den Birkengewächsen gehört. Zaubernuss-Sträucher halten Temperaturen von Minus zehn Grad Celsius aus. Das sind wirklich wunderschöne Winterblüher.

Der Botanische Garten hat also das ganze Jahr etwas zu bieten. Fühlt Euch wie ein Bergsteiger im Alpinum, schleicht durch die mystische Farnschlucht, summt mit den Bienen am Insektenpavillon, schnuppert Euch durch den Heilpflanzengarten oder beobachtet Libellen, Fische und Wasservögel am großen Teich. Übrigens: Da der Botanische Garten zu den Münchner Museen gehört, nimmt er auch jedes Jahr an der „Langen Nacht der Museen" im Oktober teil.

Um die Tour fortzusetzen, verlasst Ihr den Botanischen Garten am anderen Ende. Dafür geht Ihr durch den Rhododendronhain zur Südkasse hinaus, quert eine kleine Straße und gelangt direkt in den nächsten Garten, nämlich in den Schlosspark Nymphenburg.

→ Schlosspark Nymphenburg

Der Nymphenburger Schlosspark ist auch ein Garten oder besser gesagt, er ist ein richtiges Gartenkunstwerk. Im Laufe der Zeit haben viele Gartenkünstler daran gearbeitet.

Das Nymphenburger Schloss war ursprünglich ein kleines Sommerschloss.

Alles fing mit der Geburt des Kronprinzen Max Emanuel von Bayern an. Seine junge Mutter, Kurfürstin Henriette Adelaide von Savoyen, bekam als Geschenk das kleine Sommerschloss „Schwaigbau zu Nymphenburg", das an ein italienisches Jagdschloss erinnerte. Ursprünglich bestand es nur aus dem heutigen Mittelbau. Zu dem Schloss gehörte ein kleiner Ziergarten, der in den Jahren 1701 bis 1704 erweitert und dem französischen Stil angepasst wurde. Vorbild war das französische Schloss in Versailles in der Nähe von Paris, dessen Gartenanlagen sehr bewundert wurden. So etwas wollte man auch in München haben. Man holte sich dafür einen Schüler von André Le Nôtres, dem Schöpfer von Versailles.

Sieht alt aus, ist sie aber nicht: die Magdalenenklause.

Dieser Schüler, sein Name war Charles Carbonet, plante den Kanal, der das Wasser aus der Würm durch den Park führte. Die Wege wurden gerade, Baumreihen und Laubengänge wurden gepflanzt, alles geordnet und streng voneinander getrennt. Und 1715 wurde dann von Dominique Girard und Joseph Effner an Schloss und Garten weitergebaut. Das Kanalsystem, Pumpwerke, Wasserspiele und die vielen Figuren geben der Anlage ihr heutiges Gesicht. Der Nymphenburger Schlosspark hat sich über die Jahre immer wieder verändert. Über die Einzelheiten könnte man ein eigenes Buch schreiben! Aber ich will Euch lieber noch verraten, was es dort heute für Euch zu entdecken gibt. Folgt mir also zu einem etwas versteckten Bauwerk.

Die Magdalenenklause findet Ihr direkt nach dem Übergang vom Botanischen Garten. Plötzlich steht Ihr vor einem

Bauwerk, das so gar nicht in die feine Landschaft des Gartens passen will. Ist es eine verfallene Ruine? Wenn man die rissigen Backsteinwände und die Löcher sieht, könnte man das glauben … Aber der Schein trügt! Dieses Gebäude ist keine verfallene Hütte. Es wurde im Auftrag von Kurfürst Max Emanuel absichtlich so gebaut, denn es war 1725 in Mode, künstliche Ruinen zu bauen. Innen befinden sich eine Phantasiegrotte aus Tuffstein, Muscheln, Kieseln und bunten Steinen und eine Figur der Maria Magdalena. Hierher konnte sich der Herrscher zurückziehen und seinen Gedanken nachhängen. Daneben gibt es einige einfache Wohnräume, die ebenfalls ohne Prunk und Pracht ausgestattet sind. Hier suchte und fand Max Emanuel also Einsamkeit und Ruhe, weit weg vom höfischen Leben. Ihn nannte man übrigens auch manchmal den „Blauen Kurfürst" wegen seiner blauen Uniform.

Im Nymphenburger Park befinden sich neben dem Schloss, das wir uns gleich noch genauer ansehen werden, noch viele kleine Bauwerke und schon die Namen verraten viel über ihre Geschichte: Zum Beispiel wurde der Kronprinzengarten mit Pavillon für Ludwig I. geschaffen. Auch er soll durch seine Außenbemalung wie eine künstliche Ruine aussehen. Ein anderes Gebäude ist die Amalienburg, die 1734 als Jagdschlösschen für die Fasanenjagd erbaut wurde. Das Dörfchen besteht aus fünf Gebäuden und war für Hofbedienstete gedacht. Die Badenburg war genau das: ein Haus zum Baden.

Die Badenburg war ein Haus zum Baden. Heute ist da aber alles trocken.

Die Badebecken, mit holländischen Kacheln gefließt, erstrecken sich über zwei Stockwerke, Erdgeschoss und Keller, und sind 1,45 Meter tief. Was für ein Luxus! Aber in der Burg gab es auch noch andere Zimmer, auch ein Festsaal mit einer tollen Gewölbemalerei, in der das Wasser eine große Rolle spielt, ist vorhanden. Jeder, der die Badenburg damals zu sehen bekam, staunte aufgrund ihrer Größe und Pracht und nicht selten wurde sie als das schönste Bad, das man je gesehen habe, bezeichnet. Um das Bad herum gibt es eine Galerie mit Geländer, auf der auch Besucher des Kurfürsten Platz hatten.

Ebenso prachtvoll, aber auch ganz anders, ist die Pagodenburg. Hier stellte sich Kurfürst Max Emanuel eine Mischung aus China und Frankreich vor. Die Fassade und der Grundriss des Salons wirken französisch, die Einrichtung dagegen mischt chinesische, bayerische, japanische und niederländische Einflüsse. Schon ein bisschen verrückt. Der Name „Pagodenburg" leitet sich von den kleinen chinesischen Götterfiguren im Innern ab. China war damals groß in Mode! Erwähnen möchte ich noch den Apollotempel, der am Ufer des Badenburger Sees auf zehn Säulen steht.

Der Apollotempel befindet sich am Ufer des Badenburger Sees.

„Mannomann, die waren ja schon ein bisschen verrückt. Was denen alles eingefallen ist: eine Burg zum Baden", rief Luca.
„Aber jetzt sag ich dir was, Paula. Ich weiß, wo wir hier wieder einen Löwen und einen alten Bekannten finden!"

Wasser und das Nymphenburger Schloss, das gehört zusammen.

Um Lucas Löwen zu finden, müsst Ihr vom Schloss ausgehend am Mittelkanal entlanggehen, dann trefft Ihr automatisch auf die große Kaskade. Das ist ein großes Wasserbecken mit Wasserfällen, an deren Rand verschiedene Steinfiguren stehen. Darunter auch eine von Herkules, der einem Löwen über den Kopf streicht.

→ Schloss Nymphenburg

Wie oben erwähnt, war das Sommerschloss ein Geschenk anlässlich der Geburt des Thronerben Max Emanuel an dessen Mutter Henriette Adelaide von Savoyen. Heute könnt Ihr noch die prunkvollen Räume bestaunen. Im Mittelbau bleibt einem bei dem großen Festsaal fast die Spucke weg. Vor allem das riesige Deckengemälde solltet Ihr Euch genauer ansehen. Es zeigt den olympischen Götterhimmel. Es folgen aber noch viele weitere Räume, die besichtigt werden können, zum Beispiel das Vorzimmer mit Teppichen, die die Jagdgöttin Diana zeigen, das Schlafzimmer und die große Schönheitengalerie Max Emanuels. Darin hängen fünf Porträts der schönsten Hofdamen. Im Südflügel befinden sich unter anderem ein weiteres Schlafzimmer, ein chinesisches Lackkabinett und noch eine Schönheitengalerie. Diesmal die von König Ludwig I. Dabei handelt es sich aber nicht nur um Damen vom Hof, sondern um 36 schöne Frauen aus allen Gesellschaftsschichten. Auch dabei sind die „schöne Münchnerin“ Helene Sedlmayr, Tochter eines Schuhmachers, und die „spanische“ Tänzerin Lola Montez, wegen der Ludwig I. später gezwungen war, auf den Thron zu verzichten. Übrigens hatte auch Ludwig II. eine Schönheitengalerie. Allerdings ließ er seine Reitpferde malen. 26 Bilder kann man heute noch im Marstallmuseum ansehen.

Im Schloss Nymphenburg finden übrigens unglaublich spannende Themenführungen statt, bei denen Ihr richtig viel erleben, aber auch selbst machen könnt. Es geht an Orte, die für die Besucher normalerweise nicht zugänglich sind, zum Beispiel in das Kellergeschoss in der Badenburg.

In der Führung „Wasser marsch“ macht Ihr Euch mit inem Klemmbrett und einem Plan auf den Weg, um herauszufinden, woher das Wasser für die Fontäne kommt. Per Maßband dürft Ihr ausmessen, wie lang eine Rohrleitung zur Fontäne sein müsste … doch so leicht ist das Rätsel um die Fontäne natürlich nicht zu lösen.

Aber auch die Führung „Eine kleine Weltreise“ ist abenteuerlich, denn da fahrt Ihr mit einer echten Kutsche zur Pagodenburg. Aber nicht etwa Pferde ziehen diese Kutsche, sondern Eure Eltern! Doch keine Angst, die werden – ganz wie früher üblich – gegen frische Pferde, ich meine Eltern, ausgewechselt. In der Führung „Wie machten sich Prinzen und Prinzessinnen schön?“ dürft Ihr Euch sogar selbst verkleiden und schminken. Die Führungen sind wirklich so wie spannende Schatzsuchen. Das macht richtig viel Spaß. Etwa 15 Kinder können pro Führung mitmachen und Eure Eltern kommen mit, schließlich werden sie manchmal als „Pferde“ eingespannt.

www.schloss-nymphenburg.de/deutsch/aktuell/fuehr.htm;
Anmeldung erforderlich unter: 089 17908444
(notfalls Nachricht auf dem Anrufbeantworter hinterlassen!)

→ Museum Mensch & Natur

Im Nordflügel des Nymphenburger Schlosses verbirgt sich ein Museum, das spannender nicht sein könnte. Denn hier geht es um den Ursprung des Lebens auf der Erde. Hier könnt Ihr Euch einen Eindruck davon machen, wie es auf unserem Planeten vor vier Milliarden Jahren ausgesehen haben könnte. Hört der Geschichte eines uralten Gneis-Steins zu, dem ein Sprecher eine brüchige Stimme verliehen hat oder verfolgt die versteinerten Spuren eines Pfeilschwanzkrebses, die er vor 150 Millionen Jahren auf einer Kalksteinplatte hinterlassen hat. Ihr könnt Diamanten, Smaragde, Quarze, Amethyste, einen 760 Kilogramm schweren Bergkristall und andere Edelsteine bewundern und an Pultspielen Quizfragen beantworten.

Und dann trefft Ihr Bruno! Im ersten Stock des Museums steht er, der Braunbär, der am 16. Juni 2006 in Kochel am See in Bayern bei einem Imker auftauchte. Erst freuten

Hinter diesen Mauern verbirgt sich feinstes Porzellan.

sich viele. Die Zeitungen waren voll davon: „Der Braunbär ist in Bayern willkommen!" Bruno streifte durch die Bayerischen Wälder. Er suchte Bienenstöcke und machte auch vor Schafen nicht halt, dabei kam er den Menschen immer näher … Irgendwann schlug die Stimmung um und niemand wollte den Bären in seiner Nähe haben. Die Zeitungsartikel und Brunos Weg kann man an einer Wand nachverfolgen. Am Ende wurde Bruno leider erlegt. Im Museum Mensch & Natur könnt Ihr den ausgestopften Bären in einer nachgestellten Szene an einem Bienenstock sehen. Das lässt einen richtig nachdenklich werden, denn was tun, wenn die Natur – hier in Form eines Bären – so nahekommt? Wer mag, kann seine Gedanken zu Bruno auf einen Zettel schreiben und an einer Wand hinterlassen. Der Bär passt gut ins Museum Mensch & Natur, denn hier geht es um das Leben und Überleben der Geschöpfe auf dieser Erde.

Im Museum Mensch & Natur können sogar Steine sprechen.

→ Marstallmuseum und Museum Nymphenburger Porzellan

Ganz frisch rausgeputzt für den 300. Geburtstag im Jahr 2019 wird gerade das Marstallmuseum. Hier waren früher die Pferde untergebracht. 40 Kutschen sind in den Stallungen zu sehen. Ganz neu ist dort auch ein sehr langes, beleuchtetes Bild, auf dem der Festzug anlässlich der Krönung

Kaiser Karls VII. in Frankfurt aus dem Jahr 1742 zu sehen ist. Auf 21 Metern erstreckt sich dieser Zug aus Kutschen, Pferden und Menschen. Was für ein prächtiger und langer Zug das gewesen sein muss! Der Krönungswagen samt acht vorgespannten Pferden ist ebenso im Original zu sehen, wie ein Rennschlitten von Max Emanuel und die 200 Kilogramm schwere Sänfte der Kaisertochter Maria Antonia von Österreich, geschmückt mit rotem Samt und Stickereien. Bis zum großen Festakt zum 300. Geburtstag werden auch die Galakutschen und Prunkgeschirre der Pferde von König Ludwig II. in neuem Glanz erstrahlen.

Ebenfalls im Marstall untergebracht ist das Museum Nymphenburger Porzellan. Dort sind über 1.000 Stücke der berühmten Nymphenburger Porzellanmanufaktur ausgestellt.

„Gut, dass die Pferde nicht mehr da sind. Wenn die nur einmal mit ihren mächtigen Hufen auf den Boden gestampft hätten, wären die Porzellandinger bestimmt kaputt gegangen!“, sagte Luca.

Entdecker-Tipps:

Der Botanische Garten München beteiligt sich jedes Jahr an der Langen Nacht der Museen. Wenn Ihr also im Dunkeln durch einen Botanischen Garten wandern wollt, vorbei an beleuchteten Kürbissen und umgeben von einer phantastischen Pflanzenwelt, dann seid Ihr da genau richtig.

→ www.muenchner.de/museumsnacht/

☺

Das Nymphenburger Schloss bietet viele Führungen für Kinder an. Das aktuelle Programm findet man hier:

→ **www.schloesser.bayern.de/deutsch/kinder/**

☺

Mit dem Rad kann man herrlich einmal an der Schlossmauer des Nymphenburger Schlosses entlangfahren. Es gibt einen schönen Spielplatz am nord-östlichen Eck, in der Margarethe-Danzi-Straße.

☺

Zur Einkehr bei schönem Wetter bietet sich der Hirschgarten in der Nähe an. Wenn man aus dem Marstallmuseum herauskommt, biegt Ihr zweimal rechts ab und gelangt in die Hirschgartenallee. Sie führt direkt zum Königlichen Hirschgarten. Dort sitzt man traumhaft im Grünen und gleich nebenan könnt Ihr im Damwildgehege 30 Tiere beobachten. Sie kommen gern ganz nahe an den Zaun. Es gibt auch einen Spielplatz mit großer Kletterwand und Klettergerüst sowie einen Wasserspielplatz.

TOUR 9

Olympiapark

Tragen Bonnie und Carlos Seidenstrümpfe?

Olympiapark → BMW Welt und BMW Museum → Olympia-Schwimmhalle → Olympiastadion → Sea Life → Munich Olympic Walk of Stars → Olympiaturm

Schon Wahnsinn, was alles für die Olympischen Sommerspiele 1972 gebaut wurde.

→ Olympiapark

Den Olympiapark erreicht Ihr öffentlich ganz einfach mit der U3 und U8, Haltestelle Olympiazentrum.

Es gibt Dinge, die sind für München so typisch, dass sie fast jeder kennt: der Chinesische Turm im Englischen Garten, das Oktoberfest, der Dom zu Unserer Lieben Frau und – der Olympiapark mit seinen weltberühmten Zeltdächern.

Der Olympiapark mit seinen Anlagen wurde für die Olympischen Sommerspiele 1972 auf dem Gelände des Oberwiesenfelds gebaut. Dabei war das Gelände gar nicht schön, denn dort wurden nach dem Zweiten Weltkrieg jede Menge Trümmer und Bauschutt abgeladen. Der Trümmerberg war schließlich 56 Meter hoch! Nun hatte man sich für die Olympischen Spiele 1972 das Motto „Olympische Spiele im Grünen" überlegt. Eine hübsche Idee, aber man musste viel Phantasie haben, um sich vorzustellen, wie aus dem Schutthaufen ein schönes Olympiagelände werden sollte. Dieser Aufgabe stellten sich unter anderem die Architekten Behnisch & Partner, Frei Otto und der Landschaftsarchitekt

Günther Grzimek. Das Ergebnis ist heute eines der Wahrzeichen von München.

Vor allem die markante Zeltdachkonstruktion von Frei Otto haben ganz viele vor Augen, wenn sie an München denken. Von oben gesehen erinnert mich die Konstruktion irgendwie an Spinnennetze, die sich im feuchten Nebel zwischen den kleinen Ästen der Bäume spannen. Oder sieht es doch eher wie ein Zirkuszelt aus? Naja, bestimmt habt Ihr auch ein paar Ideen.

Um das erste kleine Modell der Zeltdächer zu bauen, benutzten die Architekten aber keine Spinnenweben, sondern Zahnstocher und einen Seidenstrumpf. Sie spannten den Strumpf über die Zahnstocher und konnten sich so vorstellen, wie das Ganze am Ende aussehen würde. Das Dach gefiel ihnen so gut, weil es sich an die Umgebung anpasste und luftig und offen wirkte. Doch was beim Strumpf-Modell so leicht ging, war in der Wirklichkeit nicht so einfach. Zum Glück hatte der Architekt Frei Otto so ein Zeltdach schon für die Weltausstellung in Montreal gebaut. Er wusste also, wie es geht. Später (1980) baute er seine Zeltdachkonstruktion übrigens noch an einem anderen für München wichtigen Ort, nämlich in der großen Vogelvoliere im Tierpark Hellabrunn. Dort wurde ein offenes Stahlnetz über Pfeiler gespannt. Für die Olympischen Hallen musste das Zeltdach aber geschlossen sein. Pünktlich zu den Olympischen Spielen lagen dann alle Acrylglasplatten auf dem Zeltdach und es konnte endlich losgehen.

Losgehen, das ist eine gute Idee. Wir machen uns jetzt auch auf die Strümpfe und erkunden, was es auf dem Olympiagelände so alles für uns gibt.

„Kommst du, Luca?“
„Jaha. Können wir uns zuerst die BMW Welt ansehen?“

„Eine ganze Welt für eine Automarke? Das klingt ja spannend."

→ BMW Welt und BMW Museum

Von der U-Bahn-Haltestelle Olympiazentrum (U3 und U8) sind es nur wenige Schritte bis zur BMW Welt, die 2007 eröffnet wurde. Schon von außen ist man beeindruckt. Die Wiener Architekten des Büros Coop Himmelb(l)au (lustiger Name, oder?) haben sich viel einfallen lassen, um dieser modernen BMW Welt ein Zuhause zu geben. Das Gebäude sieht fast aus wie ein Tornado aus Glas und Stahl, der sich nach oben in den Himmel schraubt. Er endet in 28 Metern Höhe in einem schwebenden Dach. 4.000 Tonnen Stahl wurden für den Bau verwendet. Mithilfe von Sonnenenergie wird das Gebäude beheizt. Alles ist hell und modern.

Innen schlägt dann bestimmt jedes Motorenherz höher. Denn schon seit über 90 Jahren gibt es Fahrzeuge der Marke BMW. Deshalb kann man hier BMWs, Minis, Motorräder, Rolls-Royce von damals bis heute bestaunen. Doch die BMW Welt ist mehr als nur ein Museum oder Ausstellungsort. An vielen Stellen kann man etwas erleben oder ausprobieren. Der Junior Campus wurde extra für uns eingerichtet und teilt sich in drei Erlebnisbereiche: Im Campus Portal könnt Ihr jederzeit mitmachen. Da geht es zum Beispiel um Fragen wie „Wachsen Autos auf Bäumen?" oder „Kann man Sonne tanken?". Im Campus Labor und in der Campus Werkstatt finden Workshops für Kinder und Jugendliche zwischen 5 und 13 Jahren statt, für die man sich aber anmelden muss. Hier könnt Ihr ein Auto der Zukunft entwerfen oder sogar mit Farbpistolen ein eigenes Autodesign gestalten. Vielleicht fällt Euch am Ende ja sogar noch ein Werbespruch ein.

Die BMW Welt sieht richtig schnittig aus.

Luca riss den Arm hoch: „Da weiß ich einen, Paula." Er baute sich vor mir auf: „Willst du durch die Wüste pesen, brauchst du mehr als einen Besen. Und für die Umwelt, das ist klar, fahren wir heute mit Solar!"

Oder Ihr macht Euch als Ermittler mit einem Maßband auf die Suche nach einem verdächtigen Fahrzeug. Findet heraus, wie groß und wie schnell das gesuchte Auto ist, und löst am Ende eine knifflige Fahndungsfrage.

Gleich gegenüber befindet sich das Gebäude des BMW Museums. Es ist sehr leicht zu finden, denn es sieht aus wie eine große Schüssel. Manchmal wird es von den Münchnern deshalb auch „Weißwurstkessel" genannt. Auf der fast kreisrunden Ausstellungsfläche tummeln sich 120 Ausstellungsstücke, Motoren, Turbinen, Flugzeuge oder Motorräder.

Auch für Essen und Trinken ist in der BMW Welt gesorgt. Verschiedene Restaurants, wie das EssZimmer, das Baverie, die Biker's Lodge, das Cooper'S oder das M1 Café im BMW Museum laden Euch auf einen kurzen Boxenstopp ein.

→ Olympia-Schwimmhalle

Von der BMW Welt haltet Ihr Euch dann leicht rechts Richtung Olympiahallen und Schwimmbad. Wenn Ihr gerne schwimmt, dann solltet Ihr unbedingt ein paar Runden in der Olympia-Schwimmhalle drehen und Euch dabei überlegen, wie es wohl war, als hier während der Olympischen Spiele Spitzensportler von den Sprungtürmen gesprungen sind. Olympisch ist auch die Größe. Es gibt einen Sprungturm (1 – 10 Meter), ein 50-Meter-Becken, ein 50-Meter-Aufwärmbecken unter der Tribüne, ein Nichtschwimmerbecken, einen Whirlpool und einen super Blick nach draußen. Im Sommer warten in der Außenanlage eine Liegewiese, eine Trampolinanlage, Tischtennisplatten und ein Kinderspielplatz auf Euch.

Die Olympia-Schwimmhalle hat ein 50-Meter-Becken.

→ Olympiastadion

Wenn das Olympiastadion sprechen könnte, würde es sicher viele Geschichten erzählen können. Es würde Euch begeistert ein „TOR" ins Ohr brüllen und Euch zuflüstern, dass es 1972 das erste Stadion in Deutschland war, in dem eine Rasenheizung verlegt wurde. Die funktioniert übrigens über ein Netz aus Röhren, das unter dem Rasen verlegt wurde und durch das warmes Wasser geleitet werden kann. Und genau auf diesem Rasen fanden nicht nur die Olympischen Sommerspiele statt, sondern auch viele Fußballspiele, unter anderem das Endspiel der Fußball-Weltmeisterschaft 1974, bei dem Gerd Müller Deutschland zum Weltmeister schoss. Von 1972 bis 2005 hatten hier zwei bekannte Fußballvereine ihre Heimat: der FC Bayern München und der TSV 1860 München.

„Ha! Da haben wir sie ja! Und ich dachte schon, wir finden hier keinen einzigen. Dabei sind es viele.“
„Du sprichst in Rätseln, Luca.“
„Ich meine den Fußballverein TSV 1860, den man auch…“
„… die Münchner Löwen nennt. Du hast Recht, Luca. Aber das zählt schon wieder nicht.“
„Warum?“ Luca schmollte.
„Ich finde, wir brauchen einen Löwen, der noch hier ist. Also komm, vielleicht finden wir ja noch einen anderen Löwen. Die Olympiatour ist ja noch lange nicht zu Ende.“

Ob Ihr es glaubt oder nicht, auf diesem Dach kann man entlang spazieren.

Das Olympiastadion hat offiziell 69.250 Plätze. Seitdem 1982 die Rolling Stones hier ein Konzert spielten, fanden nicht mehr nur Sportveranstaltungen, sondern auch Großveranstaltungen und Konzerte statt. 2005 setzte die FIFA dann neue Richtlinien für WM-Stadien fest, denen das Olympiastadion nicht mehr genügte. Schließlich entschied man sich dafür, am Stadtrand die neue Allianz Arena zu bauen. Heute finden im Olympiastadion keine Profi-Fußballspiele mehr statt, dafür aber jede Menge anderer Großveranstaltungen, bei denen das berühmte Zeltdach über den Köpfen der Besucher glänzt.

Und wenn Ihr Euch das berühmte Dach einmal aus der Nähe anschauen wollt und mindestens zehn Jahre alt seid, dann macht doch bei einer Zeltdachtour mit und werft einen Blick von oben hinunter ins Stadion. Dafür gibt es auf dem Dach extra Stege mit Geländern, auf denen Ihr gesichert entlanggehen könnt. Der Weg führt immer an der Dachkante entlang und da oben merkt man dann auch, dass der Name „Zeltdach" passt. Denn es wackelt schon ein bisschen. Auch die großen Stadionstrahler kann man sich mal aus der Nähe anschauen. Der Blick in das Stadion und über die Besucherränge ist einmalig. Wer mag, kann sich am Ende der Tour abseilen lassen.

Aber auch die jüngeren unter Euch kommen nicht zu kurz: Es gibt Führungen durch das Stadion mit Besichtigung der VIP- und Mannschaftskabinen.

www.touren-olympiapark.de

→ Sea Life

Euer Weg führt Euch nun weiter am Olympiastadion vorbei und nach dem Überqueren des Sees links hinunter, danach weiter am See entlang. Wer mag, kann noch schnell auf den 56 Meter hohen Olympiaberg kraxeln und den Blick über das Gelände schweifen lassen. Danach geht es weiter am Willi-Gebhardt-Ufer des Olympiasees entlang. Etwa auf der Höhe des Olympiaturms gelangt Ihr auf die andere Seite des Sees und damit zum Sea Life München. Das Aquarium wurde 2006 im Olympiapark München eröffnet und nimmt Euch mit auf eine Unterwasserreise von der Isar über die Donau bis ins Schwarze Meer und ins Mittelmeer. Mehr als 4.500 Tiere gibt es in den Becken und Aquarien zu entdecken. Schaut Euch die Bucht der Seesterne an, in denen über 300 Seesterne leben. Wusstet Ihr, dass manche Seesterne über 40 Arme haben und bei Gefahr sogar einen davon abwerfen können? Und da Fühlen mehr ist als Sehen, gibt es auch Berührungsbecken, in denen Ihr Seesterne, Anemonen, Krabben, Krebse und sogar Rochen streicheln könnt. Aber Achtung, dabei kann man manchmal auch ein bisschen nass werden! Die beiden gemütlichen Ammenhaie „Bonnie“ und „Carlos“ lassen sich zwar nicht streicheln, aber herrlich im Unterwassertunnel beobachten. Im tropischen Ozeanbecken gleiten auch mehrere Schwarzspitzen-Riffhaie elegant durch das 400.000 Liter fassende Becken und einen Gitarrenhai hatte ich vorher auch noch nicht gesehen … Es lohnt sich also mal wieder genau hinzuschauen, dann entdeckt Ihr

Im Sea Life kann man Fische bewundern und einige sogar streicheln.

vielleicht auch die vielen Seepferdchen, die sich so geschickt tarnen können.

Ihr könnt also richtig eintauchen in die Unterwasserwelt und dabei auch Bayerns einzige Meeresschildkröte begrüßen. Sie heißt „Gonzales“ und frisst sehr gern Broccoli, Kopfsalat und Gurken. Es handelt sich um eine „Grüne Meeresschildkröte“. Ob das von dem ganzen Grünzeug kommt, das sie frisst, könnt Ihr vor Ort herausfinden.

„Hmm, aber einen Löwen habe ich nicht gesehen, Paula. Du vielleicht?“
„Nö, aber zumindest Pfotenabdrücke will ich dir noch zeigen, Luca!“

Was Hollywood kann, kann München auch.

→ Munich Olympic Walk of Stars

Bevor es am Ende unseres Rundgangs durch den Olympiapark noch einmal ganz hoch hinauf geht, möchte ich Euch noch etwas zeigen. Denn was Hollywood mit seinem „Walk of Fame“ kann, können wir hier in München auch. Denn direkt am Seeufer am Fuß des Olympiaturms könnt Ihr die Handabdrücke der ganz großen Stars, Sportler und Musiker bewundern, die den Olympiapark schon beehrt haben. Ihre Pfoten, ich meine Hände in den Zement gedrückt haben (Auswahl): James Blunt, Katarina Witt, Henry Maske, Anastacia, Maria Höfl-Riesch, Kylie Minogue, Nena, die Scorpions, Boris Becker, die Toten Hosen, Bon Jovi, ja sogar der Dalai Lama und viele mehr!

Übrigens, hier am Munich Olympic Walk of Stars befindet sich auch eine Haltestelle der kleinen Parkeisenbahn, die von April bis Oktober eine 20-minütige Rundfahrt durch den Olympiapark anbietet.

Luca schaute etwas enttäuscht. „Aber da ist keine einzige Löwenpfote dabei."
„Leider nicht, Luca. Das ist blöd. Das kann doch nicht sein, dass wir hier wirklich nichts Löwiges finden."
„Hmm. Am besten suchen wir uns einen Platz ganz weit oben, vielleicht sehen wir da noch etwas."

→ Olympiaturm

Den höchsten Punkt im Olympiapark bildet der Olympiaturm, er ist samt Fernsehantenne genau 291,28 Meter hoch und ist damit dreimal höher als die Türme der Frauenkirche! Wenn Ihr auf die Aussichtsplattform in 190 Metern Höhe wollt, solltet Ihr aber den Aufzug nehmen, denn ansonsten müssten 1.230 Stufen bewältigt werden. Diesem Wahnsinn stellen sich nur die Sportler beim Olympiaturmlauf. Mit dem Aufzug schafft Ihr sieben Meter pro Sekunde. Oben angekommen habt Ihr einen gigantischen Blick über den Olympiapark, München und die Alpenkette. Lasst den Blick über die glitzern-

Der Olympiaturm ist 291,28 Meter hoch.

den Zeltdächer schweifen und genießt die Ruhe auf diesem höchsten Wahrzeichen Münchens. Inzwischen habt Ihr ja schon eine Menge von München gesehen und irgendwie fasst das hier oben nochmal alles zusammen.

Luca schnaubte. „Aber wir haben hier keinen Löwen gefunden, Paula."
„Stimmt. Ich glaube, es gibt einfach keinen." Mein italienischer Freund zog die Augenbrauen hoch und verschränkte die Arme vor der Brust. „Mit dieser Antwort werde ich mich niemals zufriedengeben. Niemals. Es kann doch nicht sein, dass München voller Löwen ist und hier – am Ende unserer Tour finden wir nicht einen. Nein!"

Ich konnte Luca verstehen, wusste aber auch keinen Ausweg aus dieser Misere. Vielleicht würde ein richtig feines Essen seine Laune verbessern?

Nur ein paar Meter weiter unten im Turm befindet sich das „Restaurant 181", das seine Höhe schon im Namen trägt. Wer dort isst, muss (und kann) nicht stillsitzen. Denn das Restaurant dreht sich, aber ganz langsam. Euch wird also garantiert nicht schwindelig. In 53 Minuten schafft es eine 360-Grad-Drehung, also einmal rundherum. Das könnte Luca aufheitern … oder vielleicht doch eher das „Rockmuseum", das sich auf Höhe der Plattform befindet und vielleicht das höchste Rockmuseum der Welt ist. Dort wird alles gesammelt was rockt. Also Poster, Instrumente, Bühnenkleidung und vieles mehr von Elvis Presley, den Rolling Stones, aber auch von aktuellen Stars wie Kylie Minogue und Robbie Williams. Doch gerade als ich noch überlegte, stürmte Luca zum Aufzug und ließ sich mit mir zusammen

vom Aufzugführer Hannes Schell (den wir heimlich Hannes Schnell getauft hatten) nach unten fahren. Dort angekommen, raste Luca zur nächsten Wiese und hielt wenig später triumphierend etwas in die Luft.

„Was ist das?"
„Schau doch, Paula. Ich habe einen Löwenzahn gefunden!"
Ich starrte auf die gelbe Blume und Luca grinste mich an.
Und wir fanden beide, das zählt.

Entdecker-Tipps:

Theatron: Etwas unterhalb der Schwimmhalle, auch am Wasser, befindet sich die kleine, aber feine Seebühne, auf der im Sommer verschiedenste Konzerte stattfinden. Nehmt Platz in diesem außergewöhnlichen Amphitheater inmitten des Olympiaparks. Der Eintritt ist frei!

→ **www.theatron.net**

☺

Der Olympiasee ist 1.120 Meter lang und nicht sehr tief. Deshalb kann man in ihm zwar nicht baden, aber man kann Tretboote und Ruderboote mieten und dann gemütlich über den See schippern (Bootsverleih: Halbinsel Olympiasee, Tel.: 089 30672816). Das Wasser für den Olympiasee kommt übrigens aus Nymphenburg.
Im Winter, wenn der See zugefroren ist, kann man darauf auch Schlittschuhlaufen oder Eisstockschießen.

☺

Spaß macht Euch bestimmt auch die Minigolfanlage. Sie befindet sich schräg gegenüber vom Sea Life München. Minigolf Olympiapark, Willi-Daume-Platz, 80809 München

→ **www.minigolf-olympiapark.de**

☺

Unbedingt erwähnt werden muss hier noch das Tollwood Sommerfestival, das ebenfalls auf dem Gelände des Olympiaparks stattfindet. Für ca. 25 Tage im Juni/Juli verwandelt sich ein Teil des Parks dann in eine bunte Bühne voller Musik, Kultur und feiner Delikatessen. An vielen Ständen gibt es dann Kunst und Musik aus aller Herren Länder. Viele Veranstaltungen sind kostenlos.

→ **www.tollwood.de vorbei.**

☺

Eigentlich hieß er ja „Timofej Wassiljewitsch Prochorow", aber alle nannten ihn nur „Väterchen Timofej", den Mann, der auf dem späteren Olympiagelände zusammen mit seiner Frau Natascha eine Kapelle aus Schutt baute. Die Kirchendecke kleidete er mit Schokoladenpapier aus und verlieh Ihr so einen besonderen Glanz.

Diese Kirche, die den Namen „Ost-West-Friedenskirche" trägt, wurde ohne Genehmigung gebaut und hatte doch einen festen Platz in den Herzen der Münchner. Väterchen Timofej und seine Frau Natascha lebten dort übrigens ohne fließendes Wasser und ohne Strom. Im Alter von 110 Jahren starb der einzige Münchner Einsiedler und seine kleine Kirche und sein Haus wurden zum Museum, das Ihr heute besuchen könnt.

→ **www.ost-west-friedenskirche.de**

Noch mehr München

Leider haben wir noch lange nicht alle interessanten Orte in München untergebracht. Uns war es aber wichtig, dass man die Touren ab dem Startpunkt möglichst zu Fuß abgehen kann. Manche Ziele lagen dann einfach zu weit auseinander.

Deshalb hier noch ein paar ultimative Tipps, die auf keinen Fall fehlen dürfen:

→ Tierpark Hellabrunn

Mit der U3 oder mit dem 52er Bus ab Marienplatz bis zur Haltestelle „Thalkirchen (Tierpark)" fahren und rein ins tierische Vergnügen. Der Tierpark Hellabrunn gehört zu den schönsten Zoos in Europa. Direkt an der Isar gelegen, könnt Ihr dort viele Tiere in großzügigen Gehegen erleben. Ein Highlight sind die Eisbärenzwillinge „Nela" und „Nobby", die im Dezember 2013 geboren wurden. Natürlich gibt es aber auch zwei Streichelgehege, Affen, Elefanten, Löwen, Fledermäuse und eine einzigartige Vogelvoliere, durch die ein Flüsschen plätschert. Im Dschungelzelt hängen tagsüber die Flughunde ab und nebenan versteckt sich die größte Eule der Welt: der Sibirische Uhu. Bei der Flossenparade zeigen die Seelöwen kleine Kunststücke und in der Greifvogel-Show fliegen Uhu und Steinadler dicht über Eure Köpfe hinweg. Aber das ist noch lange nicht alles, was der Tierpark Hellabrunn zu bieten hat. Es gibt auch Pinguine, Wölfe, Flamingos, Hasen, Meerschweinchen, Schneeziegen und …

Wenn Ihr mehr über den Tierpark Hellabrunn wissen wollt, dann lest doch meine spannenden Abenteuer in meinem Buch „Paula, die Tierpark-Reporterin".

→ Kopf der Bavaria

Mit der U4 oder U5 bis zur Schwanthalerhöhe, dann sind es nur noch ein paar Minuten Fußmarsch bis zur Bavaria.

Die Beschützerin Bayerns hat ihren Platz gefunden. Sie steht an der Ruhmeshalle und blickt mit dem Löwen an

Über eine Wendeltreppe könnt Ihr in den Kopf der Bavaria steigen.

ihrer Seite stolz und mutig über die Theresienwiese, auf der einmal im Jahr auch das weltberühmte Oktoberfest stattfindet. 18,52 Meter misst die Dame aus Bronze und ist eine wahre Meisterleistung von Ludwig Schwanthaler, der sie im Auftrag vom Ludwig. I. entworfen hat. Einen ganz besonderen Einblick bekommt Ihr, wenn Ihr über die enge Wendeltreppe in ihren Kopf steigt. Über eine kleine Öffnung könnt Ihr dann wie sie auf die Theresienwiese blicken.

→ Verkehrszentrum

Die U4 und U5 bringt Euch zum Verkehrszentrum (Haltestelle Schwanthalerhöhe), das zum Deutschen Museum München gehört. Hier geht es um alles, womit sich die Menschen bis heute auf dem Land fortbewegen. Von der Kutsche über Lokomotiven, die ersten Autos, Motorräder, S-Bahnen, Einräder und Fahrräder, aber auch Skier und Rollschuhe. Unfassbar, mit was der Mensch schon so alles rumgefahren ist. Und wer Lust hat, der begibt sich auf Tiersuche und sucht Krokodil, Ente, Jaguar, Laubfrosch oder Käfer. Das gibt es alles im Verkehrszentrum und außerdem eine unglaublich coole Rutsche!

... übrigens hat unweit des Verkehrszentrums Stefanie Duckstein, die Illustratorin der Paula-Bücher, ihr Atelier. Besucht sie doch einmal, wenn Ihr in der Parkstraße 7 vorbeikommt und schaut Euch ein paar der Original-Collagen an. Das lohnt sich!

→ Bavaria Filmstadt

Zugegeben, um zur Bavaria Filmstadt zu kommen, muss man ein bisschen raus fahren. Aber das geht sehr angenehm mit der Straßenbahn, Linie 25, Richtung Grünwald. Und die Anreise lohnt sich in jedem Fall. Wer möchte nicht einmal auf dem Rücken des Glücksdrachen Fuchur aus der „Unendlichen Geschichte" reiten, einen Eispalast bestaunen, durch ein Modell eines U-Boots laufen und sich die Kulissen des Films „Wicky und die starken Männer" ansehen? All das und vieles mehr gibt es in der Bavaria Filmstadt.

→ Deutsches Museum München

Was wäre München ohne das Deutsche Museum, das auf der ehemaligen Kohleninsel (hier wurde seit dem Mittelalter Bauholz und Kohle gelagert) seinen Platz gefunden hat? Die Sammlungen im Deutschen Museum sind so umfassend, dass Ihr Euch für dieses Museum wirklich viel Zeit nehmen solltet. Am besten kommt Ihr einfach immer wieder, denn es gibt so unglaublich viel zu entdecken: Segelschiffe, ein Bergwerk, Flugzeuge, Modelleisenbahnen, Uhren, Spielzeug, Musikinstrumente, eine Steinzeithöhle, ein Planetarium ... einfach alles, was Naturwissenschaft und Technik so hergeben. Und im Kinderreich (3 – 8 Jahre) könnt Ihr in ein echtes Feuerwehrauto steigen,

Das Deutsche Museum ist das größte naturwissenschaftlich-technische Museum der Welt.

in Musikinstrumente klettern, mit großen Bauklötzen etwas bauen und Boote auf dem Wasser fahren lassen.

→ Bayerisches Nationalmuseum

Das Bayerische Nationalmuseum in der Prinzregentenstraße 3, erreicht Ihr bequem mit der Tram, Linie 18, oder mit der U4/U5 (Haltestelle Lehel). Von dort sind es etwa fünf Minuten zu Fuß. Ein Besuch lohnt sich unbedingt! Das Holzmodell des Drechslermeisters Jakob Sandtner aus dem Jahr 1570 zeigt Euch genau, wie München im Mittelalter aussah. Außerdem könnt Ihr die „Badewanne der Herrschaften" bewundern und Euch die Waffen und Rüstungen der Ritter ansehen. Ebenfalls weltberühmt und ein MUSS für jeden München-Besucher in der Adventszeit ist die große Krippensammlung mit italienischen und alpenländischen Krippen aus den Jahren 1700 bis 1850. Die Krippen sind unglaublich prachtvoll gestaltet und mit vielen Figuren und Tieren versehen. Die Ausstellung hat von Anfang November bis Ende Januar geöffnet.

Immer sonntags um 15 Uhr finden im Bayerischen Natinalmuseum Familienführungen statt.

→ Stadtführung auf Paulas Spuren

Für alle, die eine der Paula-Touren mit einer echten Fachfrau erleben wollen, haben wir hier noch einen Tipp: Dr. Ina Müller arbeitet als Stadtführerin und Reiseleiterin, früher in fast ganz Europa, heute in München. Auf „Paulas Spuren" zeigt sie Euch, was es hier Tolles zu entdecken gibt. Sie entlockt berühmten Denkmälern, alten Straßen, prächtigen Schlössern, Kirchen und Häusern viele Geheimnisse und erzählt dazu spannende Geschichten. Übrigens ist es auch möglich, am Ende einer solchen Führung eine Lesung aus den Paula-Büchern mit der Autorin zu erleben!

Kontakt: ina.tours@gmx.de

„Weißt du was, Paula?"
„Was denn, Luca?"
„Ich glaube, dass wir niemals ganz München in ein Buch reinkriegen."
„Das glaube ich auch nicht. Da gibt es nur eins… wir müssen einfach noch mehr Bücher machen. Also los, Luca, lass uns auf Entdeckungsreise gehen!"

www.paula-online.de

Informationen

Tour Marienplatz

Glockenspiel tägl. um 11 und 12 Uhr. Von März bis Oktober auch um 17 Uhr. Um 21 Uhr Nachtwächterruf und Wiegenlied.

***

Touristeninformation im Neuen Rathaus
Marienplatz 8, 80331 München
Tel.: 089 23396500
E-Mail: gaesteservice.tam@muenchen.de
www.muenchen.de/tam

***

Spielzeugmuseum im Turm des Alten Rathauses
Marienplatz 15, 80331 München
Tel.: 089 294001
www.spielzeugmuseum-muenchen.de

***

Alter Peter
Rindermarkt 1, 80331 München
Tel.: 089 210237760
E-Mail: St-Peter.Muenchen@ebmuc.de
www.erzbistum-muenchen.de/StPeterMuenchen

Tour Rindermarkt

Münchner Stadtmuseum
St.-Jakobs-Platz 1, 80331 München
Tel.: 089 23322370
E-Mail: stadtmuseum@muenchen.de
www.muenchner-stadtmuseum.de

***

servus.heimat
Das Münchner Fachgeschäft für Heimatliebe und Herzlichkeiten
Sankt-Jakobs-Platz 1, 80331 München
Tel.: 089 23702380
E-Mail: info@servusheimat.com
www.servusheimat.com/stadtmuseum-muenchen

***

Orag eG Bayerische Schneidereigenossenschaft
Oberanger 9, 80331 München
Tel.: 089 23555333
E-Mail: info@orag.de
www.orag.de
***
Jüdisches Museum München
St.-Jakobs-Platz 16, 80331 München
Tel.: 089 23396096
E-Mail: juedisches.museum@muenchen.de
www.juedisches-museum-muenchen.de

Tour Viktualienmarkt

Valentin-Karlstadt-Musäum
Im Tal 50, 80331 München
Tel.: 089 223266
E-Mail: info@valentin-musaeum.de
www.valentin-musaeum.de

Tour Frauenkirche

Literaturhaus München
Salvatorplatz 1, 80333 München
Tel.: 089 2919340
E-Mail: info@literaturhaus-muenchen.de
www.literaturhaus-muenchen.de
***
Metropolitanpfarrei Zu Unserer Lieben Frau
Frauenplatz 12, 80331 München
Tel.: 089 2900820
E-Mail: dompfarramt@muenchner-dom.de
www.muenchner-dom.de
***
Deutsches Jagd- und Fischereimuseum
Neuhauser Straße 2, 80331 München
Tel.: 089 220522
E-Mail: info@jagd-fischerei-museum.de
www.jagd-fischerei-museum.de

Tour Alter Hof

Alter Hof/Münchner Kaiserburg
Alter Hof 1, 80331 München
Tel.: 089 21014050
E-Mail: infopoint@museen-in-bayern.de
www.muenchner-kaiserburg.de
***
Alte Münze
Hofgraben 4, 80539 München
Tel.: 089 21140
E-Mail: poststelle@blfd.bayern.de
www.blfd.bayern.de/landesamt/dienststellen/

Tour Residenz

Residenz München
Residenzstraße 1, 80333 München
Tel.: 089 290671
E-Mail: residenzmuenchen@bsv.bayern.de
www.residenz-muenchen.de
***
Nationaltheater München
Max-Joseph-Platz 2, 80539 München
Tel.: 089 218501
E-Mail: info@staatsoper.de
www.bayerische.staatsoper.de

Tour Museumsquartier

Kunstbau Königsplatz und Lenbachhaus
Luisenstraße 33, 80333 München
Tel.: 089 23332000
E-Mail: lenbachhaus@muenchen.de
www.lenbachhaus.de
***
Paläontologische und Geologische Staatssammlung
Richard-Wagner-Straße 10, 80333 München
Tel.: 089 21806630
E-Mail: pal.sammlung@lrz.uni-muenchen.de
www.palmuc.de/bspg/

Staatliche Antikensammlungen und Glyptothek
Katharina-von-Bora-Straße 10, 80333 München
Tel.: 089 28927502
E-Mail: info@antike-am-koenigsplatz.mwn.de
www.antike-am-koenigsplatz.mwn.de
***
Staatliches Museum ägyptischer Kunst
Gabelsbergerstraße 35, 80333 München
Tel.: 089 28927630
E-Mail: info@smaek.de
www.smaek.de
***
Pinakotheken Bayerische Staatsgemäldesammlungen
Barer Straße 29, Eingang Theresienstraße, 80333 München
Tel.: 089 238050
E-Mail: info@pinakothek.de
www.pinakothek.de
***
Alte Pinakothek
Barer Straße 27, Eingang Theresienstraße, 80333 München
Tel.: 089 23805216
www.pinakothek.de/alte-pinakothek
***
Neue Pinakothek
Barer Straße 29, Eingang Theresienstraße 80799 München
Tel.: 089 23805195
www.pinakothek.de/neue-pinakothek
***
Pinakothek der Moderne
Barer Straße 40, 80333 München
Tel.: 089 23805360
www.pinakothek.de/pinakothek-der-moderne
***
Kinder- und Jugendmuseum
Arnulfstraße 3, 80335 München
Tel.: 089 54046440
E-Mail: info@kindermuseum-muenchen.de
www.kindermuseum-muenchen.de

Tour Nymphenburg

Botanischer Garten
Menzinger Straße 65, 80638 München
Tel.: 089 17861310
E-Mail: info@botmuc.de
www.botmuc.de

Schloss Nymphenburg, 80638 München
Tel.: 089 179080
E-Mail: sgvnymphenburg@bsv.bayern.de
www.schloss-nymphenburg.de
www.schloss-nymphenburg.de/deutsch/marstall/porzell.htm

Tour Olympiapark

BMW Welt
Am Olympiapark 1, 80809 München
Tel.: 089 125016001
www.bmw-welt.com

***

BMW Museum
Am Olympiapark 2, 80809 München
www.bmw-welt.com

***

Olympia Schwimmhalle
Coubertinplatz 1, 80809 München
E-Mail: info@swm.de
www.swm.de/privatkunden/m-baeder/schwimmen/hallenbaeder/olympia-schwimmhalle.html

***

Sea Life München
Willi-Daume-Platz 1, 80809 München
Tel.: 089 450000
E-Mail: muenchen@sealife.de
www.visitsealife.com/munchen

Noch mehr München

Tierpark Hellabrunn
Tierparkstraße 30, 81543 München
Tel.: 089 625080
E-Mail: tierpark@hellabrunn.de
www.tierpark-hellabrunn.de
***
Ruhmeshalle mit Bavaria
Theresienhöhe 16, 80339 München
***
Deutsches Museum, Verkehrszentrum
Am Bavariapark 5, 80339 München
Tel.: 089 500806762
E-Mail: verkehrszentrum@deutsches-museum.de
www.deutsches-museum.de/verkehrszentrum
***
Bavaria Filmstadt
Bavariafilmplatz 7, 82031 Geiselgasteig bei München
Tel.: 089 64992000
E-Mail: filmstadt@bavaria-film.de
www.filmstadt.de
***
Deutsches Museum
Museumsinsel 1, 80538 München
Tel.: 089 21791
E-Mail: information@deutsches-museum.de
www.deutsches-museum.de
***
Bayerisches Nationalmuseum
Prinzregentenstraße 3, 80538 München
Tel.: 089 2112401
E-Mail: bay.nationalmuseum@bnm.mwn.de
www.bayerisches-nationalmuseum.de

Die Autorin und die Illustratorin

Diana Hillebrand lebt mit ihrem Mann und ihrer Tochter in ihrer Wahlheimat München als freie Autorin und Dozentin für Kreatives Schreiben. „Die Idee zur Kinderbuchreihe mit dem Münchner Mädchen Paula und ihrem Freund Luca kam mir über Nacht. Inzwischen gehört sie schon richtig zur Familie!“ Zusammen mit Paula stöbert Diana Hillebrand die Geschichten auf, die Kinder schon immer lesen wollten! Als Dozentin für Kreatives Schreiben unterrichtet Diana Hillebrand Nachwuchsautoren in München-Sendling an ihrer WortWerkstatt SCHREIBundWEISE (www.diana-hillebrand.de).

Stefanie Duckstein wurde 1974 in München geboren. Seit dem Abschluss ihres Kunstpädagogik-Studiums (Schwerpunkt freie Malerei, künstlerische Zeichnung und Kinderbuch) im Jahr 2002 arbeitet sie als selbstständige Illustratorin, Malerin und Kunstpädagogin in ihrem Atelier im Münchner Westend. Ihre Illustrationen wurden bereits in zahlreichen Zeitungen und Magazinen veröffentlicht. Darüber hinaus war sie für viele kulturelle und soziale Einrichtungen wie z. B. die SOS Kinderdörfer oder das Stadtjugendamt München tätig.

Bildnachweis

AHert: 67 oben
Cholo Aleman: 96
BMW AG: 143
Marcel Buehner: 135
Diego Delso: 18
© 2012 Olafur Eliasson / Städtische Galerie im Lenbachhaus und Kunstbau München: 110
Evergreen68: 148
Fotolia: 34, 86, 92, 99, 119
FVAmuc: 40, 73
Philipp Hayer: 97
Deutsches Museum: 157
Diana Hillebrand: 17, 30, 42, 48, 54, 61, 76, 100, 105, 112, 115, 136
BBMC, Tobias Ranzinger: 77,78
David Iliff: 23
iStock: 107
Alexander Klier: 20
Haydar Koyupinar ©
Alte Pinakothek: 120
Klaus Leidorf: 33
Marinas Feinkost: 49
Dr. Meierhofer: 131
Panthermedia: 38
Rufus46: 26, 31, 65, 71, 108, 130
Schlaier: 57, 113
SEA LIFE: 147
Shutterstock: 10, 43, 58, 83, 85, 95, 116, 129, 132, 140, 145, 149
Staatliches Museum Ägyptischer Kunst / Marianne Franke: 118
stockxpert: 13
Thinkstock: 21, 67, 133, 155
Valentin-Karlstadt-Musäum: 44, 46
Volk Verlag: 14, 28, 29, 41, 52, 55, 75, 126, 144
Christopher Weidner: 11, 59
Lino Wirag: 79

Mal weiter

...am schönsten Viktualienmarkt-Standl! Was ist heute im Super-Sonderangebot? Was baumelt von oben, wächst im Topf, was türmt sich in den Obst- und Gemüsekisten? Was wurde hier alles in Fässern, Gläsern und Flaschen eingelegt? Und hinter welchem Riesenstapel lugt da die Paula hervor?

IM SONDER-ANGEBOT
Heute frisch:

Schreib weiter

Liebe Freunde,
jetzt seid Ihr dran! Bestimmt habt Ihr auf Eurer Entdeckungsreise durch München auch viele eigene spannende Geschichten erlebt und geheimnisvolle Orte gefunden. Vielleicht habt Ihr ja Lust, Eure Abenteuergeschichten aufzuschreiben? Aber ganz einfach mache ich es Euch natürlich nicht! Folgende Worte sollen in Eurer Geschichte vorkommen:

- *Hinter einer Tür*
- *Löwe*
- *Brezel*
- *Wolken*
- *am liebsten*
- *nass*
- *typisch München*

Natürlich könnt Ihr auch ein schönes Bild zu Euren Geschichten malen. Und wenn Ihr wollt, schickt Ihr Eure Geschichte an kontakt@paula-online.de. Die schönsten Geschichten werden dann auf meiner Paula-Webseite www.paula-online.de veröffentlicht!

Ich freue mich schon sehr auf Post von Euch!
Liebe Grüße

Eure Paula

Übersichtskarten